FRANQUIA

Um Negócio à Prova de Crise

Um guia para você construir e sustentar a sua vida financeira com franquias

G. T. MALDONADO

Franquia – Um Negócio à Prova de Crise

Um guia para você construir e sustentar a sua vida financeira com franquias

G. T. MALDONADO

SUMÁRIO

DISCLAIMER – AVISO LEGAL

DEPOIMENTO DO REVISOR

"Um guia acessível, claro, completo e prático: sem perder tempo com teorias complicadas e nomes difíceis, o autor te guia, passo a passo, no caminho que vai desde descobrir se a franquia é mesmo o negócio para você até assinar o contrato e botar a mão na massa. Leitura indispensável para quem quer que cogite a ideia (ou mesmo para quem ainda não cogitou!)"

- Luís Toniolo

INTRODUÇÃO

Eu quero te agradecer e parabenizar por baixar o livro "**Franquia – Um Negócio à Prova de Crise**".

Este livro contém um passo a passo e estratégias sobre como escolher a melhor franquia. Também traz reflexões sobre por que se tornar um franqueado e principalmente por que ser um empresário.

As leis brasileiras favorecem o empresário e você deve aproveitar isso!

Com esse livro você conseguirá entender a lógica por trás das franquias e saber se franchising é realmente o melhor negócio para você.

Este livro, de forma incrível, trará um dicionário para você começar a se inteirar dos termos utilizados no mundo das franquias e tudo aquilo em que você precisará prestar atenção antes de fechar um contrato.

Com o que você irá aprender nesse e-book nenhum franqueador (pessoa que vende a franquia) irá te passar para trás e você saberá exatamente o que perguntar e o que conferir antes de adquirir uma franquia.

Enfim, esse livro te ajudará não só a como escolher uma franquia, mas também a melhorar a sua vida financeira como um todo.

Obrigado, novamente, por baixar esse livro. Espero que você goste e aprenda muito!

CAPÍTULO 1 - ALCANÇANDO A RIQUEZA

O QUE É SER RICO?

Para muitos, se não para a maioria, ser rico é ter muito dinheiro, geralmente algo na casa dos sete dígitos. Entretanto, cabe a seguinte reflexão: será que existe apenas um tipo de riqueza? E a riqueza espiritual? E a riqueza emocional? E a qualidade de vida? Será que esses outros aspectos não devem ser considerados como riqueza?

Ser rico é um conceito muito subjetivo. É possível que três pessoas deem um conceito de riqueza e que as três estejam certas.

A primeira pode falar que ser rico é ter um milhão de reais, a segunda, que ser rico é ter bastante tempo com a família, e a terceira, que ser rico é ter qualidade de vida.

Entretanto, o que importa é o seguinte: **e para você?** O que é ser rico?

Para mim, caro leitor, em uma definição muito curta, **ser rico é "ser livre para criar e percorrer o próprio caminho".**

Sim. Para mim riqueza se relaciona com a liberdade. Liberdade de poder fazer as próprias escolhas e criar o próprio caminho sem depender da "sorte" ou da boa vontade de outras pessoas.

Muito legal, né?

Entretanto, aposto que a próxima pergunta que vem à mente é a seguinte: "legal, entendi, mas como posso alcançar essa liberdade e ser uma pessoa livre?"

Bom, todas as pessoas possuem medos e sonhos, certo? Utilizando o meu conceito de riqueza, para mim, **as pessoas livres são aquelas que conseguem vencer e controlar seus medos para realizar seus sonhos.**

São pessoas que, contra todas as estatísticas e todos os "conselhos", correm, lutam e agarram seus sonhos e desejos.

Essas pessoas não buscam somente o dinheiro e, apesar dos seus medos, realizam os seus sonhos e conquistam a liberdade.

São pessoas que não vivem de "e se eu tivesse mudado de cidade?", "e se eu tivesse arriscado?", "e se eu tivesse investido no meu negócio?", "e se...?"

Essas pessoas são pessoas de ação, de vontade forte e que não carregam saudades de coisas que nunca aconteceram.

Aqui cabe uma célebre frase do filme "Cartas para Julieta":

" 'E' e 'se' são palavras que, por si, não apresentam nenhuma ameaça. Mas, se colocadas juntas, lado a lado, elas têm o poder de nos assombrar a vida toda."

Filme Cartas para Julieta

Quando percebemos que o tempo é o nosso bem mais valioso, ou, em termos financeiros, o ativo mais valioso, a busca pela liberdade faz todo sentido.

Nós começamos a enxergar o mundo com outros olhos e criamos coragem para ir atrás de nossos sonhos. Você não quer realmente só sobreviver, você não quer trabalhar somente para pagar as contas no final do mês. Você quer algo a mais! Você quer algo que te tire da cama e que te faça agradecer por existir mais um dia!

Imagine dedicar sua vida a algo que você realmente gosta sem ter a obrigação de fazê-lo. Você não iria trabalhar para sobrevier, mas sim porque te daria prazer.

Steve Jobs, em seu discurso mais famoso, feito na colação de grau da Universidade de Stanford, disse que acorda todos os dias de manhã e se pergunta na frente do espelho: "o que eu estou prestes a fazer é o que eu gostaria de fazer?"

E sempre que a resposta fosse "não" por muitos dias consecutivos, ele sabia que algo precisava mudar.

A maioria dos milionários que existem hoje, cerca de 80%, são "self made", ou seja, são criadores da sua própria fortuna. Eles lutaram, batalharam, venceram seus medos e, assim, o dinheiro veio.

Consequentemente, também veio a liberdade.

Ocorre que você não precisa ser milionário para ter essa liberdade. O que você precisa fazer é correr atrás dos seus sonhos, é tentar. Caso contrário, sempre acabará vivendo na prisão do "e se...".

Ter um emprego medíocre (mediano) é sempre uma opção, nunca faltará emprego para bons profissionais. E digo mais, não tem problema nenhum em ser empregado.

O único problema é se você tem aspirações por algo diferente. Não deixe o medo te paralisar! Se você tem vontade de abrir um negócio, abra! Aja!

Com toda certeza nessa busca pelo seu sonho você conhecerá pessoas que poderão te ajudar e oportunidades que você não encontraria se tivesse ficado parado.

Grave bem essa frase: **"A sorte não aparece, você a encontra".**

Portanto, o que você está esperando?

Se você está lendo esse e-book é porque você quer abrir uma franquia. E eu irei ajudá-lo!

Vamos construir esse sonho juntos!

Por fim, não custa lembrar: quando você estiver abrindo a sua franquia, nunca se esqueça de qual é a sua riqueza. Dedicar-se a uma franquia é mais fácil do que abrir uma empresa própria, porém, também demanda tempo e trabalho.

Assim, nunca se desvie do seu objetivo e conceito de riqueza.

No caso de uma pessoa cuja maior riqueza é estar com a família, ela deverá sempre estar pensando em formas de automatizar seu negócio. Caso contrário, acabará se afastando da sua riqueza.

Entretanto, uma pessoa com o mesmo conceito de riqueza que desde o começo pensa em criar formas de automatizar o seu negócio está indo no caminho certo.

Não se esqueça:

"Seu tempo é limitado, então não o desperdice vivendo a vida de outra pessoa. Não deixe que a opinião dos outros abafe a sua voz interior"

Steve Jobs

Não se perca durante o caminho e vamos juntos nesta caminhada!

G. T. Maldonado

CARACTERÍSTICAS E QUALIDADES NECESSÁRIAS

Os maiores investimentos que uma pessoa pode fazer são em experiência e aprendizado. Ao longo da minha vida, eu me esforcei ao máximo para ter e acumular essas duas qualidades.

Participei de congressos, reuniões, li livros e até fiz viagens que não despertavam meu interesse somente para aumentar essas qualidades. Se hoje estou escrevendo este e-book, com toda certeza foi graças a essa bagagem acumulada.

Até hoje não houve nenhum evento, curso, livro ou viagem que eu tenha feito e não tenha aproveitado nada. Portanto, aqui vai minha **primeira dica para ser um franqueado de sucesso**: invista em novas experiências e em conhecimento, ou seja, saia da sua zona de conforto.

Legenda: "Sua zona de conforto / Onde a mágica acontece"

A segunda qualidade que todo franqueado deve possuir é a boa liderança.

Liderar é a arte de inspirar. Hoje, cada vez mais as pessoas estão se questionando sobre o porquê de estarem trabalhando em determinado ramo ou em determinada empresa. Cada vez mais colocam na balança e pensam:

"Estou trocando meu tempo com a minha família, meu descanso, meus momentos com os amigos, meu ócio criativo (por que não?), somente por dinheiro de uma empresa que sequer sabe que eu existo?"

O papel do líder é saber reconhecer cada um de seus liderados e, mais do que isso, fazer com que eles se reconheçam na obra do seu trabalho. O líder tem que mostrar que o trabalho do liderado não é só apertar um parafuso, mas sim construir um ônibus que levará crianças à escola.

Enquanto o liderado pensa "apesar do salário ruim, das pessoas, do ambiente, do serviço, eu estou aqui para sobreviver", o líder dá motivos para o liderado ficar. Ele transmite a mensagem: "aqui nós nos preocupamos com você, aqui você tem um futuro, aqui você tem perspectiva de crescimento, **aqui você faz parte de algo grande.**"

Para sua franquia acontecer ou para ela crescer é necessário que você contrate funcionários. E para que você tenha o máximo rendimento deles, bem como um maior comprometimento, é preciso ser um bom líder.

Fica outra dica: quando os funcionários de um determinado setor de uma empresa começarem a faltar muito ou a tiverem queda na sua produtividade, pode desconfiar – a liderança lá está fraca.

LISTA DE LIVROS QUE A MAIORIA DOS MILIONÁRIOS LEU

Eu já disse na primeira parte desse capítulo como o conhecimento é importante.

Certa vez, enquanto estava lendo uma revista muito conceituada na área de administração, encontrei uma pesquisa interessantíssima.

Um grupo de pesquisadores foi atrás de todos os maiores empresários e empreendedores do mundo para ver quais livros eles já haviam lido e quais recomendavam. Ou seja, quais autores e ideias os influenciavam.

Veja que interessante: eles não foram atrás para saber se os empresários liam livros. Essa certeza eles já tinham. Eles queriam saber **QUAIS livros eles já leram**.

E aconteceu um fato bem curioso: eles conseguiram formar uma lista de livros que a maioria desses grandes empresários tinha lido, ou seja, muitos livros se repetiram. Eles estavam lendo os mesmos livros.

E agora compartilho essa lista com você:

- **O Homem Mais Rico da Babilônia** de George S. Clason, editora EDIOURO.
- **Nós Queremos que Você Fique Rico** de Robert T. Kiyosaki, Donald Trump, editora CAMPUS.
- **Pense e Enriqueça** de Napoleon Hill, editora BEST SELLERS
- **O Sucesso Não Ocorre Por Acaso** de Lair Ribeiro, editora LEITURA.
- **Pai Rico Pai Pobre** de Robert T. Kiyosaki, Sharon L. Lester, editora CAMPUS.
- **Desperte o Milionário que Há em Você** de Carlos Wizard, editora GENTE.
- **O Segredo** de Rhonda Byrne, editora EDIOURO.
- **Poder Sem Limites** de Anthony Robbins, editora BEST SELLERS

- **Desperte o Gigante Interior** de Anthony Robbins, editora RECORD/ BEST SELLERS

Aproveito para acrescentar alguns livros que li e dos quais gostei:

- **Os Segredos da Mente Milionária** de T. Harv Eker, editora SEXTANTE.
- **Trabalhe 4 Horas por Semana** de Timothy Ferris, editora PLANETA DO BRASIL.
- **O Monge e o Executivo** de James C. Hunter, editora SEXTANTE.
- **Qual é a Tua Obra?** de Mario Sergio Cortella, editora VOZES.
- **Como Fazer Amigos e Influenciar Pessoas** de Dale Carnegie, editora Companhia Editora Nacional.

Por curiosidade, você sabia que um dos motivos para a raça humana ter evoluído foi graças aos livros? Não aos livros em si, mas em razão da transmissão de conhecimento.

Por exemplo, imagine se todo ser humano que nascesse tivesse que aprender a fazer o fogo por conta própria? Ou tivesse que caçar porque seu ancestral não o ensinou a plantar? Certamente que a humanidade nunca conseguiria chegar à Lua.

O conhecimento é como uma prova de revezamento: um continua quando o outro para. Diferente dos animais, que temos que ensinar cada um do zero todas as vezes, o homem é capaz de aprender com a história.

Portanto, em vez de tentar descobrir tudo sozinho, pegue o bastão de quem já correu e conhece o caminho. Termine de ler este livro e já parta para o próximo.

ACREDITE!

Não adianta. Quanto mais eu leio e estudo, não importando a fonte (pode ser livro sobre finanças pessoais, desenvolvimento pessoal, filosofia de vida ou até mesmo religião), sempre encontro algo falando sobre o sobrenatural, o invisível ou em algo que pode se traduzir por "acreditar".

O livro "O Segredo" diz que existe somente uma lei que rege todo o universo: a lei da atração. Ou seja, você atrai tudo aquilo que você pensa. O universo seria como um livro aberto em que você poderia escolher o que você quer.

Se você quer que sua franquia seja um sucesso você deveria pensar, visualizar e acreditar nisso. O universo se encarregaria de trazer até você.

O autor do livro "Poder Sem Limites", um livro sobre P.N.L. (Programação Neurolinguística), relata que já foi convidado por inúmeros técnicos ou comissões técnicas esportistas, de nível olímpico, para simplesmente moldar a cabeça dos atletas para entrar em campo.

Uma das técnicas que ele utiliza é fazer com que o atleta imagine já ter conseguido atingir seu objetivo. Por exemplo, um atleta que que vai fazer um salto se imagina fazendo o salto e, mais importante do que isso, ele imagina a SENSAÇÃO de ter conseguido o salto perfeito e, consequentemente, o primeiro lugar. Dessa forma ele consegue, de fato, realizar o salto perfeito.

A Seicho-no-ie, que é uma filosofia de vida, também prega que o sucesso pode ser alcançado por todos. Entretanto, vai um pouco além, dizendo que você deve agradecer por aquilo que ainda não tem. Por exemplo, se você quer ter uma franquia de sucesso, então deve desde já agradecer por já a possuir.

Enfim, eu poderia citar inúmeros outros livros, como, por exemplo, o "Pai Rico Pai Pobre", em que o autor Robert T. Kiyosaki fala sobre o poder da doação. Ou então o livro "Os Segredos da Mente Milionária", em que o autor T. Harv Eker também fala sobre o poder do universo.

Porém, a questão aqui é: ACREDITE! Acreditar é a base de tudo. Não pode ser coincidência que inúmeros livros de finanças, psicologia e filosofia oriental falem a mesma coisa.

Não tenho como provar que esse poder existe, mas não custa tentar. O que eu tenho a dizer é que funcionou para mim. Ainda, sinceramente, peço que você invista um pouco do seu tempo em estudar sobre isso.

Você pode até não acreditar que se trata de um poder sobrenatural, mas sim de pura neurolinguística. Ocorre que os resultados estão aí. A maioria dos *best sellers* falam sobre o poder do acreditar.

Os resultados são visíveis. E você quer resultados, certo?

Então passe a acreditar.

CAPÍTULO 2 – POR QUE SER EMPRESÁRIO?

OS BENEFÍCIOS DE CONSTRUIR ALGO PRÓPRIO

Antes de começar a ler esse capítulo, peço que leia este texto escrito pelo Flávio Augusto, fundador do Geração de Valor (e-books possuem essa facilidade, né?). Clique aqui[1].

Feita a leitura, agora conte. Quanto tempo do seu dia você passa consumindo produtos e serviços que outras pessoas criaram? Quantas horas você passa na frente da televisão? Ouvindo músicas? Visitando sites? Jogando videogame?

Por que você está consumindo (e dando dinheiro) para essas pessoas? Por que gastar seu tempo em algo que não é seu, e que não vai te agregar nada, quando você poderia estar utilizando seu tempo para algo que levaria o seu nome?

Ora, porque provavelmente você está no modo automático. E para ajudar você a sair desse modo eu faço uma outra pergunta: o que você acha que traz mais felicidade e satisfação pessoal, consumir produtos de outras pessoas ou trabalhar em um projeto próprio?

Bom, a resposta é óbvia.

Com certeza você já fez algo com as próprias mãos – qualquer coisa, artesanato, texto, livro, desenho, brinquedo para o seu filho ou filha.

Você se lembra qual foi a sensação ao ter finalizado? Foi satisfação, certo? Pois é, agora imagine você sentir isso todos os dias no trabalho.

Chegar em um estabelecimento que você construiu, trabalhar com uma equipe que você formou e saber que você está no controle não tem preço e traz uma satisfação imensa.

---

[1] Texto de Flávio Augusto. Link para acesso: https://meusucesso.com/artigos/vendas/se-eu-tivesse-aprendido-isso-ha-20-anos-63/

Imagine ainda que, além de tudo isso, você pode chegar mais tarde caso precise, sem dar explicações para ninguém, ou até mesmo não ir trabalhar um dia, caso você queira passar mais tempo com a sua família ou emendar um feriado. Esses são alguns benefícios que você irá encontrar ao ter seu próprio negócio.

Pois bem, até agora falei dos motivos para você ser um empresário. Para finalizar, deixo um único motivo para você não ser empregado para o resto da sua vida.

No país em que vivemos existem empregadores e empregados. Esses últimos vendem seu tempo em troca de dinheiro (salário) aos primeiros.

Tendo isso em mente, eu repito o que uma vez li em um livro: "você pode vender seu tempo, mas nunca comprá-lo de volta". É isso mesmo. O tempo não volta. Uma vez que passou, esse tempo nunca irá voltar.

Este e-book irá atingir uma quantidade muito pequena da população, entretanto, você faz parte dessa parcela que teve acesso a esse conteúdo. Faça valer a pena. Grave essa ideia e não faça como a maioria da população que apenas vende o seu tempo sem pensar a respeito.

Utilize seu tempo em algo que valha a pena. Pense nisso.

TRIBUTAÇÃO PESSOA JURÍDICA X PESSOA FÍSICA

A primeira vez que li um comparativo entre a tributação das empresas e das pessoas foi quando eu tinha 17 anos (sim, enquanto a maioria dos adolescentes estava pensando em vestibular eu estava estudando finanças), lendo o livro Pai Rico Pai Pobre (leitura obrigatória!).

Nesse livro, lembro que o autor disse o seguinte: as empresas lucram mais e pagam menos impostos; o sistema tributário foi construído para tributar pessoas, e não empresas.

E isso me fez pensar.

Pegamos um exemplo para ficar mais claro. Você sabia que não existe imposto sobre a distribuição dos lucros de uma empresa? Ou seja, bastaria que o empresário deixasse um *pro labore* baixo e uma distribuição de lucros alta para que ele pagasse menos impostos.

As pessoas físicas, ao contrário, têm o imposto cobrado diretamente na fonte. Em seguida, elas devem se virar para viver com o restante.

Somente a título de curiosidade, desde 1995 a distribuição de lucros não é tributada no Brasil. Anteriormente, a alíquota sobre lucros e dividendos era de 15%, até que entrou em vigor a Lei nº 9.249/95.

SEU TEMPO É LIMITADO

Neste capítulo vamos tratar sobre o tempo a partir de duas ópticas.

A primeira será em relação ao seu tempo na terra. Sim, o tempo limitado que vivemos aqui. A segunda será sobre as 24 horas diárias que todas as pessoas possuem.

Quanto à primeira, logo de início eu digo: não gaste seu tempo vivendo o sonho de outras pessoas. Só isso já deveria ser o suficiente para mudar a forma como você pensa.

Você precisa pensar fora da caixa. Siga seus sonhos, seus instintos: de alguma forma eles já sabem o que você realmente quer.

Estou certo de que você quer viver seus próprios sonhos, e não o sonho de outra pessoa. Portanto, tenha em mente: seu tempo é limitado, não o desperdice.

Sob a ótica das 24 horas diárias, tenho mais algumas coisas para falar.

O nosso governo não está nem aí para a qualidade de vida dos cidadãos comuns. Ele está muito mais preocupado com os números da previdência social e com as grandes empresas.

Você já deve saber, mas não custa lembrar, que existe um movimento político para que sejam retirados os direitos dos trabalhadores. Isso mesmo: retirar o 13º salário, os 30 dias de férias, a limitação de 8 horas da jornada de trabalho, entre outros direitos. Não custa lembrar que a idade e o tempo de contribuição para aposentadoria já aumentaram.

Esse movimento vem ganhando força a cada ano. Portanto, devemos nos preparar para tal situação. Ou seja, se você acha que é bom ser empregado porque possui direito, pode tirar essa ideia da sua cabeça.

E quem irá se beneficiar com isso? Sem entrar no mérito das análises econômicas, mas quem irá se beneficiar logo de cara serão os empresários, claro. Se antes o empregado custava o dobro do seu salário, agora ele passará a custar apenas o seu salário.

Então por que será que temos tanto receio de largar os nossos empregos? Se as perspectivas são melhores para os empresários, por que será que temos tanto medo?

O problema é a nossa formação, o nosso sistema de crenças. Desde crianças nos ensinam que a segurança vem em primeiro lugar. Por outro lado, não nos ensinam que você pode ter mais segurança se tiver seu próprio negócio. Não nos ensinam empreendedorismo nas escolas; nos ensinam a nos comportarmos e aprendermos as matérias ensinadas, matérias essas que provavelmente nunca voltaremos a utilizar.

Outro motivo é a rotina em que caímos. A carga horária do nosso trabalho não nos deixa tempo para pensar e planejar um futuro diferente. Uma pessoa que sai de casa às 7h e volta às 19h, chega extremamente cansada, exausta e com vontade somente de relaxar e descansar não tem vontade para sequer ler um livro, estudar ou fazer qualquer coisa produtiva.

Veja esse trecho de uma reportagem da Super Interessante[2]:

"Na Alemanha, trabalha-se em média 38 horas por semana. Na França e na Espanha, menos ainda: 35 horas. Aqui no Brasil, a média é superior a 40 - para ser exato, 40,9 horas, segundo a Pesquisa Nacional por Amostragem de Domicílios (PNAD) feita pelo IBGE em 2008. Embora a média seja menor que a jornada máxima prevista na legislação trabalhista, esse mesmo levantamento revelou que 1 em cada 3 brasileiros trabalha mais que 44 horas semanais. E que 1 em cada 5 vai além das 48 horas por semana. "

Fonte: Superinteressante online

---

[2] Trecho da reportagem retirada do site da revista Super Interessante. Link para acesso: http://super.abril.com.br/cotidiano/brasileiro-nao-gosta-trabalhar-681521.shtml

A realidade da França não é mais essa da reportagem. A Lei da jornada de trabalho de 35 horas semanais já sofreu pressão das grandes empresas e foi revogada.

Em países como Japão, China e Coreia do Sul (países mais capitalistas), as pessoas trabalham de 10 a 12 horas diariamente. Veja bem, essa é uma tendência mundial. Você acha que o Brasil vai contra essa tendência mundial? Eu acredito que não.

Em um mundo cada vez mais competitivo e globalizado, as pessoas terão que trabalhar e se especializar muito mais. Com mais pessoas capacitadas, a lei da oferta e procura entrará em vigor e os salários tenderão a baixar ou se manter estagnados.

Dentro desse cenário, você prefere ser empregador ou empregado? Você quer passar 30 ou 35 anos da sua vida trabalhando 40 ou 44 horas semanais para, aí sim, conseguir se aposentar e conseguir "viver"?

Quem está lendo esse texto e já teve uma experiência como empresário, deve estar pensando que eu estou louco: afinal, é verdade que um empresário trabalha na maioria das vezes muito mais do que um empregado.

Entretanto, sinceramente, isso só ocorre nos primeiros anos. Se, depois disso, o empresário continua trabalhando muitas horas é somente porque ele quer.

Muitos confundem o termo empresário com "empresidiário". O "empresidiário", ao invés de cada vez mais delegar funções e ir se retirando aos poucos da empresa, aproveitando somente o lucro, acumula todas as funções.

Existem centenas de casos de pessoas que possuem mais de uma empresa e ainda conseguem ter muito tempo com a família, da mesma forma que existem outras centenas de casos de pessoas que têm um emprego com horário fixo e não têm tempo para nada.

Planejamento é a palavra-chave. Deve-se desde o começo trabalhar para o negócio andar sozinho, e não para ficar cada vez mais dependente de você.

Para entender melhor, sugiro dois livros já citados nesse e-book: "Pai Rico Pai Pobre" e "Trabalhe 4 Horas por Semana".

O ÚNICO MODO OU O MODO MAIS RÁPIDO DE SE TORNAR FINANCEIRAMENTE RICO

Vamos ser sinceros: como empregado você nunca será financeiramente rico. Você até poderá ganhar muito dinheiro, mas não será financeiramente rico.

A melhor pergunta que encontrei para se ter um parâmetro real de avaliação sobre a riqueza de uma pessoa é a seguinte: **"se você parasse de trabalhar hoje, quanto tempo você sobreviveria mantendo seu padrão de vida?"**.

Faça um exercício, responda essa pergunta para você mesmo.

Um empregado, para manter seu padrão de vida, nunca poderá parar de trabalhar – afinal, ele troca o seu tempo por dinheiro. Consequentemente, se ele parar de trabalhar, ele irá parar de ganhar dinheiro. Simples assim.

Diferentemente, o empresário ou o investidor coloca o seu dinheiro para trabalhar para eles. Para eles, dinheiro não é apenas para pagar contas, mas para investir.

Veja a diferença: enquanto o primeiro corre atrás do dinheiro, os outros dois colocam o dinheiro para produzir mais dinheiro.

As pessoas ricas colocam seu dinheiro para trabalhar para elas. Elas compram cotas de empresas ou abrem outras empresas que andam com as próprias pernas.

Dessa forma, elas não precisam trabalhar o resto de suas vidas para manter seu padrão de vida.

Ou seja, é possível se tornar financeiramente rico fazendo investimentos ou abrindo sua empresa. Para investir e conseguir viver de renda geralmente é necessário ter um capital inicial bem alto.

Entretanto, para abrir uma empresa ou franquia, esse valor é bem menor.

Por exemplo, com R$50.000,00 é possível abrir uma franquia ou fazer investimentos financeiros. Um investimento trará por mês no máximo R$500,00. Entretanto, o retorno que uma franquia poderá trazer é muito maior e mais rápido do que comparado com investimento financeiros.

Afinal, a média de retorno das franquias é de 12 a 36 meses. Em investimentos, muito dificilmente você terá esse retorno no mesmo prazo. Outra vantagem das franquias é que os produtos vendidos acompanham a inflação, diferentemente dos investimentos financeiros que são direta e duramente afetados por ela.

Portanto, apesar de não ser o único modo de atingir sua liberdade financeira, sem dúvidas abrir sua empresa é o modo mais rápido. E o modo mais seguro é através de franquias, com taxas de mortalidade abaixo de 10%.

RISCOS, SERÁ MESMO QUE ELES EXISTEM PARA TODOS?

Antes de começarmos esse tópico, vamos a alguns dados e informações que valem ouro:

1. De cada 3 empresas, 2 fecham antes dos 5 anos em atividade.
2. 35% das empresas fecham no 1º ano, 46% no 2º ano e 56% no 3º ano.
3. O Brasil tem cerca de 5 milhões de empresas formais e 15 milhões informais.
4. 63% das empresas de sucesso têm o empresário com curso superior completo e experiência anterior.

Principais razões de fracasso, de acordo com empresários que fecharam as portas:

1. Pequeno capital inicial (sem capital de giro).
2. Baixa qualidade, e sem inovação sustentável.
3. Posicionamento incorreto – diferenciação.
4. Falta de plano de negócio – desconhecimento do mercado.
5. Isolamento.
6. Foco no negócio e não no cliente.
7. Entrar em áreas superexploradas.
8. Falta de pesquisa de mercado.
9. Baixa divulgação.
10. Burocracia.

Principais razões de sucesso, de acordo com empresários que possuem um negócio há um bom tempo:

1. Aproveitar tendência, oportunidade, necessidades e desejos que não estão sendo atendidos ou estão sub-atendidos.

2. Qualidade dos produtos/serviços – superar expectativas.

3. Definir competências essenciais – não querer ser tudo para todos.

4. Planejar antes de agir.

5. Adequação profissional e pessoal

6. Rede de relacionamentos ativa.

7. Reinvestimento na organização e perseverança.

8. Reserva financeira para imprevistos.

9. Experiência anterior no ramo (mínimo 10 anos).

10. Localização adequada.

Habilidades de Competências Necessárias

1. Capacidade analítica e crítica – cuidado com a <u>atenção seletiva.</u>

2. Conhecimento do ramo e do mercado.

3. Flexibilidade e capacidade de adaptação.

4. Conhecimento administrativo e aprendizado permanente.

5. Poder de comunicação inter e intrapessoal.

6. Resiliência – tolerância a riscos e pressões.

7. Automotivação e iniciativa – otimismo responsável.

8. Liderança.

9. Criatividade.

10. Objetividade – foco em resultados.

11. Visão sistêmica.

12. Idoneidade e ética.

Caro leitor, empresa não é cassino e empresário não é apostador. Quando se vai abrir um negócio é necessário calcular todos os riscos e oportunidades.

É necessário colocar na ponta do lápis o que pode dar certo e o que fazer quando as coisas começam a dar errado. Pelos dados acima podemos perceber exatamente isso: ninguém disse "sorte" ou "azar".

O sucesso ou o fracasso sempre foram determinados por ações, portanto, leia novamente os motivos e me diga: é difícil possuir e praticar a maioria das ações que levam ao sucesso? Não, não é.

É difícil evitar a maioria dos motivos que levam fracasso? Também não é.

Eu posso dizer sem medo que o principal motivo de as empresas fecharem é o orgulho do empresário. É o empresário achar que é bom sozinho, que sabe tudo, e, portanto, não fazer um plano de negócios; é achar que tem o melhor produto (talvez até tenha), mas não fazer nada para as pessoas o conhecerem; é achar que não existe concorrência à altura.

Por outro lado, a maior qualidade que um empresário pode ter é a humildade. Admitir que não sabe sobre gestão financeira e fazer um curso ou contratar alguém que saiba; é admitir que não conhece o mercado e pesquisar a respeito; é não achar que sabe o que o cliente quer e ir lá, cara a cara, e perguntar: **"Oi, como eu posso melhorar a sua vida?"**.

A maior parte dos empresários tem medo de fazer um plano de negócios, e, de fato, ele é trabalhoso. Entretanto, ele é essencial.

O objetivo deste e-book não é ensinar como fazer um plano de negócios, mas aqui darei alguns tópicos para quem deseja fazê-lo.

Também vale lembrar que não existe só um modelo de plano de negócios, portanto você poderá encontrar alguns diferentes. Porém, esse contato inicial acabará por ajudá-lo quando você realmente for montar o seu.

Plano de Negócio

1ª Etapa - Identificar oportunidades/tendências. Cuidado com a atenção seletiva, ou seja, enxergar aquilo que você quer ver, e não a realidade.

2ª Etapa - DEFINIÇÃO PRÉVIA DA IDEIA DE NEGÓCIO.

3ª Etapa - ANÁLISE DO MACROAMBIENTE EXTERNO – Economia, política e cultura.

4ª Etapa - ANÁLISE DO MICROAMBIENTE EXTERNO – Concorrência, fornecedores e consumidores.

5ª Etapa - PLANO MERCADOLÓGICO – Posicionamento, marketing e diferenciais.

6ª Etapa - PLANO ORGANIZACIONAL e Recursos Humanos.

7ª Etapa - PLANO TÉCNICO E PRODUTIVO.

8ª Etapa - PLANO FINANCEIRO.

CAPÍTULO 3 - EMPRESA INDEPENDENTE, FRANQUIA OU INVESTIMENTO FINANCEIRO. QUAL DEVO ESCOLHER?

Neste capítulo vamos entender as vantagens, desvantagens, diferenças e semelhanças entre as franquias, as empresas próprias e os investimentos financeiros.

De acordo com o Sebrae, 75% das pequenas empresas que trabalham de forma independente fecham antes de completar 5 anos. Com as franquias, esse número não chega a 8%.

Portanto, ter um negócio atrelado a uma rede aumenta substancialmente as chances de o negócio ser um sucesso ou sobreviver por mais tempo. Com isso em mente, vamos ver quais são os pontos que aumentam substancialmente as chances de as franquias serem um sucesso.

Além disso, saber exatamente o que se quer é o caminho mais curto para atingir o sucesso. Não adianta nada ter uma franquia se você tem um espírito empreendedor e inovador. Essa situação só lhe gerará insatisfação.

Por outro lado, não adianta você ter uma empresa independente se o seu perfil é mais gerencial. Tal situação penas acarretará frustrações.

De forma geral, podemos definir os perfis da seguinte forma:

Perfil de franqueado: prefere não correr riscos; é cuidadoso, cauteloso e prudente; gosta de fazer parte de uma rede de algo maior do que ele próprio; gosta que outras pessoas quebrem a cabeça a respeito da continuidade, inovação e evolução do modelo de negócios; prefere receber as coisas prontas, não precisa gastar muito tempo pensando em algo novo e em como implementar; adora gerenciar, liderar e operar o próprio negócio.

Perfil de empreendedor ou empresário de empresa independente: gosta e não tem receio de correr muitos riscos; é corajoso e destemido, não parando nas primeiras dificuldades; adora solucionar problemas, mesmo aqueles que não irão trazer tanto retorno financeiro; gosta de fazer o trabalho da sua maneira; tem preferência por sempre estar procurando novas oportunidades e se mantendo atualizado a todo instante sobre novas tecnologias e gostos do mercado; costuma ficar entediado com facilidade quando não tem novos desafios a serem superados, sempre está em busca de alcançar novas metas e superar novos desafios.

Perfil do investidor: não gosta de colocar a mão na massa; prefere que outras pessoas ajam e que ele faça outras coisas; pode estar junto de um empreendedor, franqueado ou no mercado financeiro; não possui grande fidelidade com o objeto do investimento; geralmente não possui conhecimento acerca de administração e gestão; prefere fazer análises contábeis, econômicas e financeiras; gosta de possuir a possibilidade de mudar de área de investimento a qualquer momento.

VANTAGENS E DESVANTAGENS DAS FRANQUIAS

Vantagens

Agilidade - Hoje tudo acontece muito rápido. São novos bairros que surgem, bairros que se valorizam de repente, shoppings que são construídos ou centros comerciais que surgem do nada.

Agilidade é algo extremamente importante; "timing" é um dos fatores chaves para o sucesso de qualquer negócio. Hora certa no lugar certo.

Imagine que você ficou sabendo de um novo shopping que será construído ou de uma avenida que está se tornando referência para determinado tipo de negócio. E ainda, você tem uma ótima ideia que se encaixa perfeitamente nesses locais.

Mas por ser um negócio independente você terá que fazer sozinho o plano de negócios, pensar antecipadamente nos fornecedores, no marketing...

Imagina quanto tempo isso leva? Até você terminar, seus concorrentes já se instalaram no local, possuem clientes fiéis e você ficou chupando dedo.

Imagine a mesma oportunidade em um shopping onde os boxes são limitados, e ainda existem boxes melhor localizados do que outros. Agilidade nesse caso será o fator determinante para você ter uma posição excelente e conquistar novos cliente. Ou você prefere ficar embaixo da escada rolante?

Lembre-se: **"custa 5 vezes mais conquistar um cliente novo do que manter um antigo"**. Portanto, você deve otimizar todos os seus recursos para angariar a maior quantidade de clientes o mais rapidamente possível.

Para um franqueado abrir um negócio é muito mais rápido. Ele pode entrar em contato com o franqueador e dizer que determinado local está em ascensão. O franqueador verifica se realmente é o caso e fecha o contrato de franquia.

Em pouco tempo o estabelecimento está pronto, a equipe está treinada, o plano de marketing já vem pronto e você começa a vender ou prestar o seu serviço.

Sendo o primeiro ou um dos primeiros a se instalar, os clientes naturalmente irão até você, sem a necessidade de marketing.

Marca já testada - Experiência não tem preço. Imagine se um jovem de 20 anos tivesse toda a experiência de um idoso de 80 anos. Quais seriam as possibilidades desse jovem? E quando esse jovem tivesse 80 anos? Imagine o que ele seria capaz de fazer! Simplesmente nada poderia pará-lo.

Essa é exatamente a vantagem das franquias. Você pode se tornar o jovem de 20 anos com a experiência de um idoso de 80 anos. Você será o novo empreendedor, com energia e novas ideias, mas com a experiência de uma marca já testada e aprovada.

Pegar um modelo já testado significa que você não terá que testar (entenda como "gastar dinheiro") modos e modos de marketing ou gestão financeira ou gestão de pessoas ou posicionamento no mercado ou inúmeros cursos (não estou falando que não é necessário fazê-los!).

Você se lembra do texto do começo do e-book? De como a humanidade evoluiu? Se sim, então eu te digo: pegue o bastão! No mundo dos negócios chamamos essa experiência ou conhecimento de "know-how": em tradução livre, é o "saber como fazer".

Poucas coisas se comparam com a vantagem de você abrir uma loja e já ter clientes fiéis. Pessoas se identificam com marcas e tendem a comprar sempre no mesmo lugar.

Por que você acha que o Mc Donald's está sempre cheio? Porque ele é igual em todos os lugares. As pessoas simplesmente já sabem o que vão encontrar lá. Inclusive, elas já sabem o que vão pedir antes mesmo de entraram no estabelecimento.

Sabe por que isso acontece? Acontece porque **as pessoas gostam de segurança.**

Pessoas não gostam de arriscar seu dinheiro em algo de que talvez não gostem. As pessoas gostam de sempre ir ao mesmo restaurante e nas mesmas lojas. Inconscientemente, elas escolhem o que já foi testado e aprovado.

Apesar de ser um pensamento inconsciente, é também um pensamento muito lógico. Por que alguém iria trocar o certo pelo duvidoso?

O franqueador tem responsabilidade - Claro, se você tem uma boa marca, você quer mantê-la com uma boa imagem. Ou seja, o franqueador QUER que você dê certo e para isso ele irá ajudá-lo durante todo o tempo.

Ao escolher uma rede de franquia você terá acesso a diversos especialistas no mercado que poderão ajudar você de forma individual, querendo realmente que você tenha sucesso.

Instalações - Sem preocupações. A rede franqueadora possui uma forma padrão de construir o estabelecimento. As cores já foram testadas (eles sabem qual cor vende mais para determinado produto ou serviço do que outra), a forma de disposição da estrutura e do maquinário também.

Por exemplo, uma franquia no ramo de alimentos sabe exatamente onde o fogão vai ficar, o balcão em que vai ser cortada a carne, onde vai ser preparada a massa. E por que eles sabem disso? Porque padronização e linha de produção aumentam a produtividade.

Com mais produtividade, maiores são os lucros e menores são as despesas.

Assim, ter uma linha de produção já pensada é muito eficiente.

A franquia disponibilizará um arquiteto para planejar tudo, você não precisará se preocupar com nada. A franquia quer que você mantenha o padrão dos estabelecimentos. Por outro lado, você não quer algo que te dê trabalho, mas sim que já foi testado e aprovado.

Como um amigo uma vez me disse: **"é uma delícia abrir uma franquia"**.

Compras em escalas - Geralmente franquias têm acordos com grandes fornecedores. Ou seja, você pagará um valor muito menor por uma mesma matéria-prima.

Retorno mais rápido - Se você começa com um passo à frente, o retorno vem mais rápido. Ou seja, a franquia tende a se pagar mais rapidamente do que uma empresa independente.

Rede de conhecimento - Apesar de que entre os franqueados há pouca troca de informação, o franqueador capta todas as sugestões feitas pelos franqueados e as avalia.

Se a sugestão for boa, ele coloca em teste nas suas unidades próprias e, aí sim, depois de já testadas, repassa aos franqueados. Ou seja, você pode implementar uma ótima ideia no seu negócio sem ter tido essa ideia.

Por exemplo, você sabia que o principal lanche do Mc Donald's, o Big Mac, foi ideia de um franqueado? Imagine quantos franqueados já lucraram com essa ideia. Quanto será que esse produto rendeu a todos os franqueados do Mc Donald's? Certamente que muito.

Baixa mortalidade - Enquanto a taxa de mortalidade de empresas tradicionais supera o 50%, o de franquias é abaixo de 10%.

Facilidade de crédito - O mercado sabe que a taxa de mortalidade de franquias é baixa. Portanto, o franqueado terá maior facilidade para conseguir crédito nos bancos. Inclusive, algumas redes até já possuem convênios com bancos.

Independência Jurídica Financeira - Todo e qualquer problema jurídico ou financeiro será inteiramente seu. Nenhum problema do franqueador irá ser transferido para você e vice-versa.

Portanto, por mais que o franqueador comece a ter problemas jurídicos, tais problemas não poderão afetar o franqueado. No direito, chamamos isso de princípio da autonomia e independência da pessoa jurídica.

Funcionários - O franqueador conhece melhor do que ninguém o seu negócio, por isso mesmo ele sabe qual o funcionário que melhor se adapta ao seu negócio.

Pode ser um funcionário mais proativo ou reativo, tímido ou extrovertido, com bom relacionamento interpessoal ou com bom conhecimento técnico, se é necessário ter boa liderança ou alta resiliência... enfim, o franqueador sabe.

Na hora de montar a sua equipe de trabalho ele irá auxiliá-lo na escolha. Claro, a última palavra será sua, mas o franqueador dará uma boa direção de quem e como escolher.

Além de auxiliar na escolha da sua equipe, ele ainda dará treinamento a ela. Ou seja, se seu negócio é troca de óleo, o franqueador irá ensinar seus funcionários a como fazer esse serviço.

Se o negócio for vender, será ensinado como vender especificamente o seu produto, as suas particularidades e principalmente os benefícios que pode trazer ao consumidor.

Portanto, quanto a funcionários, você pode ficar tranquilo, ao menos para começar.

Produto ou serviço já testado - Acredito que esse seja o tópico mais importante. Não há nada pior que você desenvolver um produto ou abrir uma empresa que presta determinado tipo de serviço e só depois – de muito prejuízo – descobrir que ninguém quer seu produto ou ninguém precisa do seu serviço.

Na franquia isso não acontece. O produto ou serviço já foi testado e aprovado, e comprovado que as pessoas precisam do que é oferecido. Assim, já fica uma dica: escolha franquias com um bom tempo de mercado.

Claro, o Brasil, por ser um país muito grande, possui muitas particularidades. Por exemplo, determinado tipo de comida na região Sul pode fazer muito sucesso, mas na região Norte nem tanto, ou vice-versa.

Portanto, a melhor dica que eu dou é a seguinte: PESQUISE antes de abrir qualquer franquia. Veja se o estado, a cidade, o bairro, a rua que você quer a abrir a sua franquia possui demanda pelo serviço ou produto.

Desvantagens

As desvantagens aqui listadas dependem muito do ponto de vista: para alguns podem ser desvantagens, e para outros, somente uma parte do negócio. A diferença se dá muito mais pelo olhar do próprio empresário. Assim, vamos lá!

Enrijecimento - O sistema de franquia tem como base um modelo de negócio já testado e aprovado, e é aí que está o segredo do seu sucesso. Afinal, se fosse de outra forma, seria uma consultoria ou uma empresa independente, mas não uma franquia.

O franqueado tem que entrar sabendo disso. Se ele possui muita vontade de inovar e alta capacidade de criatividade, talvez a franquia não seja o seu negócio.

As redes de franquias não procuram alguém com alta capacidade de criar e inovar, mas sim de gerenciar o negócio. Claro que existem aqueles franqueadores que ouvem os franqueados mais do que outros, aceitam sugestões e até pequenas mudanças na unidade do franqueado; entretanto, o franqueado deve estar ciente de que não poderá realizar grandes mudanças sem antes consultar e ter a aprovação do franqueador.

O franqueado está levando o nome do franqueador, portanto, uma mudança que traz prejuízo à imagem da rede de franquias acaba por prejudicar o franqueador.

Assim, é totalmente compreensível que o franqueador tenha uma maior resistência em implementar e autorizar mudanças.

Ou seja, o franqueador monta a franquia de acordo com os padrões já testados e aprovados. Nada impede, porém, que mais tarde ele vá aceitando as sugestões dos franqueados aos poucos.

Até porque, por exemplo, se o franqueador é de São Paulo e vai autorizar a abertura de uma unidade no Amapá, é claro que no Amapá existem particularidades que devem ser levadas em consideração.

Portanto, o enrijecimento existe, mas pode ser negociado e conversado; afinal o franqueador também aprende com o franqueado.

Excesso de duração do contrato - Geralmente os contratos com redes de franquia possuem a duração de 5 anos. Esse tempo pode ser muito para algumas pessoas, mas pouco para outras.

Existem, porém, redes de franquias que possuem um sistema diferenciado, permitindo que o franqueado invista somente uma porcentagem do que seria inicialmente necessário.

Tais sistemas exigem um investimento inicial menor, cabendo à franqueadora complementar o valor necessário. Entretanto, tal contrato terá a duração de apenas um ano, ficando o franqueado pendente de aprovação após esse período.

Assim, após um ano, o franqueado será avaliado e, a depender do seu desempenho, será ou não aprovado para a condução do negócio por mais quatro anos.

Localização - Este é mais um tópico que depende muito do ponto de vista, podendo ou não ser considerado como uma desvantagem.

Apesar de o franqueado poder dar palpite sobre o melhor lugar para se abrir a franquia, a última palavra é do franqueador. Claro, ele conhece o público-alvo e sabe onde esse público se encontra na sua cidade, se no shopping, na rua, perto de algum outro estabelecimento.

Mas o que algumas pessoas entendem como desvantagem pode ser uma vantagem porque, afinal, o franqueador está escolhendo o melhor ponto para a marca dele, e ele não irá escolher um lugar ruim. Nesse sentido, os interesses do franqueador e do franqueado convergem.

Outro ponto importante é sobre o contrato de aluguel do ponto comercial. Quem aluga o ponto é o franqueador, e este subloca para o franqueado pelo mesmo preço.

Isso acontece para que o franqueador tenha uma certa segurança. Caso contrário, haveria inúmeros casos de franqueados que adquiririam o know-how da franquia e depois abririam um negócio próprio no mesmo lugar, se aproveitando do público já conquistado pela marca anterior.

Afinal, quem já teve uma empresa ou é empresário sabe o quanto é importante um ponto comercial.

Por fim, existe mais um motivo para o franqueador realizar a locação do imóvel. Esse motivo está relacionado com uma possível venda ou desistência do negócio por parte do fraqueado.

Caso o franqueado deseje vender ou desistir da sua franquia, ele poderá fazê-lo para alguém previamente autorizado pelo franqueador, e o franqueador não terá que procurar outro ponto comercial.

É muito mais fácil para o franqueador repassar uma franquia que já está em funcionamento do que abrir uma nova.

Taxas - Acredite, nem tudo que envolve taxas necessariamente é ruim. A franquia, para o franqueador, é uma forma de escoamento da produção e também uma forma de investimento. Porém, nem tudo que se paga a título de taxas serve somente para engordar o bolso do franqueador.

Vamos falar sobre as taxas de franquias detalhadamente mais adiante, o que eu adianto agora é o seguinte:

Taxa de franquia - É o valor inicial que se paga ao franqueador para começar a utilizar a marca, espécie de licença autoral. Porém, nem tudo é para o franqueador. Parte desse valor é gasto, por exemplo, com as viagens do consultor até a sua franquia, para que ele possa ajudá-lo.

Royalties - Ok, esse é ruim. Consiste em pagar periodicamente um valor fixo ou uma porcentagem do lucro ao franqueador. Em troca ele te dará consultorias, visitas e assistências diariamente.

Taxa de Publicidade, Propaganda e Promoção - Esse também não é de todo ruim. Consiste em pagar periodicamente ao franqueador uma taxa fixa ou uma porcentagem do lucro para que o franqueador faça propagandas e assim atraia clientes para o seu negócio.

Porém, dependendo da localização do franqueador, a propaganda feita por ele poderá não atingir o seu público alvo. É algo a ser considerado e conversado com o franqueador.

Por exemplo, se o franqueador possui sede em São Paulo e a maior parte da propaganda será feita nesse estado, dificilmente uma franquia no estado do Rio Grande do Sul poderá se beneficiar com ela.

VANTAGENS E DESVANTAGENS DA EMPRESA PRÓPRIA

Aqui basicamente os papéis se invertem. O que era vantagem nas franquias se torna desvantagem aqui e o que era desvantagem se torna vantagem. O que te atrai mais?

Vantagens

Liberdade de criação/negócio com a sua cara - Óbvio, se você vai abrir um negócio próprio esse negócio terá a sua cara. Você irá pensar em tudo e tudo ficará com a sua cara, do jeito que você gostaria. Desde a arquitetura, o produto, a embalagem, a forma de entrega, e por aí vai.

Sinceramente eu não gosto muito dessa parte, eu prefiro terceirizar isso e focar somente na gestão, ou seja, nas vendas. Afinal, é isso que me trará dinheiro.

Autonomia - Com uma empresa independente, você não dará satisfação a ninguém. E isso pode ser bom ou ruim: ou seja, se você estiver no caminho certo, ninguém ficará tentando te tirar dele. Por outro lado, se você estiver no caminho errado, também ninguém irá te dizer isso.

Claro, para saber se você está no caminho certo ou errado, você poderá contratar um consultor, mas terá que pagar pelas horas trabalhadas.

Sem taxas - Aqui você não terá que pagar taxa de franquia, royalty ou propaganda. Entretanto, por outro lado, você não terá o suporte e nem a propaganda em escala.

Liberdade para escolher o ponto - Total liberdade – e risco – para escolher seu próprio ponto comercial.

Maior satisfação - Se o seu negócio der certo, provavelmente ele trará uma maior satisfação pessoal, afinal, terá sido um projeto 100% seu e que estará gerando frutos.

Acredite, poucas coisas no mundo dão mais satisfação do que ver um projeto de sua autoria rendendo frutos.

Geração de maiores lucros, se tiver lucro - Aqui se instala uma controvérsia. A princípio, se você não possui a obrigação de pagar taxas para o franqueador você terá uma margem de lucro maior.

Entretanto, por exemplo, dificilmente uma empresa independente terá mais lucro do que uma franquia do Subway ou do McDonald's. Todavia, em franquias menores, essa conta poderá se inverter.

Um franqueado com uma franquia com menor expressividade poderá ter lucros muito parecidos com uma empresa independente. Afinal, ao menos no começo, o consumidor não conhecerá ambas as marcas.

Nunca devemos perder de vista, porém, os outros benefícios que as franquias trazem. Uma franquia tende a crescer em uma proporção maior do que uma empresa independente.

Além disso, você só terá lucros maiores se a sua empresa independente tiver lucro. Aqui vale aquela máxima: "devagar e sempre". Às vezes compensa você ter lucros menores e consistentes em vez de almejar lucros maiores e não conseguir nada.

Com lucrós consistentes, mesmo que menores, você poderá juntar um novo capital para investir em uma nova franquia. Assim, o que era pequeno tornar-se-á maior.

Desvantagens

Maior custo com consultoria - A grande vantagem da franquia é que, por estar dentro de uma rede de larga escala, ela lhe proporcionará serviços mais baratos.

Muitas das vezes, o próprio consultor é funcionário do franqueador. Assim, o valor de eventual consultoria poderá ser muito menor do que aquela a ser realizada por consultor independente, que te cobrará por hora de trabalho.

Isolamento - Ao abrir uma franquia você terá o contato de vários franqueados e também do seu fornecedor. Ao abrir uma empresa independente você terá que ir atrás de tudo sozinho, ou seja, terá que construir uma rede de contatos e, por conta própria, buscar as soluções para os seus eventuais problemas.

Ter que criar sua marca e conquistar o seu espaço - Como já foi dito ao longo desse e-book, a franquia já vem com nome e espaço no mercado. Já no caso das empresas independentes, elas terão que criar uma marca do zero e, ainda, conquistar o seu espaço ao sol.

Não há que se duvidar, por exemplo, que uma marca famosa ao abrir uma unidade no shopping vá atrair automaticamente seus fiéis consumidores.

No caso da empresa independente, além de ela ter que atrair os seus clientes, ela deverá provar o seu valor para os consumidores. Portanto, é uma tarefa mais árdua, apesar de não ser impossível.

Maiores chances de fechar - Os números são claros. Empresas independentes têm muito mais chances de irem à falência do que franquias.

Ter muita experiência na área - Aqui a coisa fica séria. Não tem como abrir um negócio independente se você não tiver uma boa experiência no ramo de atuação.

Como você irá abrir um restaurante sem saber cozinhar? Irá contratar alguém que sabe? Ou contratar alguém para ensinar os seus funcionários? Tudo isso aumenta o risco de dar algo errado ou, na melhor das hipóteses, aumentar seus custos.

Na empresa independente você terá que saber exatamente qual é o processo e procedimento de todos os seus produtos e serviços, você terá que conhecer, saber fazer e ensinar, como dizem, de cabo a rabo, tudo.

Conselho: se você não tiver experiência no ramo, não tente abrir algo independente. Na franquia, o franqueador é quem fará todo o esforço para ensinar tudo o que é necessário para vender o produto ou fornecer o serviço.

Na empresa independente, se você não for da área, dificilmente conseguirá ter uma visão correta e clara do mercado em que você irá autuar. Tome cuidado com conselhos de pessoas que não vão arriscar os seus respectivos patrimônios.

Cuidado ao ouvir pessoas que dizem que determinada área está em expansão, mas elas próprias não investem o seu dinheiro. Aja em um ramo em que você tenha conhecimento de causa.

VANTAGENS E DESVANTAGENS DOS INVESTIMENTOS FINANCEIROS

Aqui não irei falar da loucura de compra e venda diárias na bolsa de valores (Day Trade). A estratégia que vou comentar a seguir pode, sim, se utilizar da bolsa de valores, mas não no estilo trading, ou seja, várias compras e vendas no mesmo dia.

A forma de investimento que irei considerar será aquela conhecida como renda fixa, na qual você coloca o seu dinheiro e fica livre para trabalhar.

O que pretendo fazer é sanar dúvidas das pessoas que se questionam se devem abrir um negócio ou simplesmente investir o seu dinheiro e receber uma renda passiva.

Vantagens

Liberdade - Fazer investimento passivo em bolsa, tesouro direito, CDB, ou qualquer outra modalidade que não requeira a sua atenção constante proporciona a você uma grande liberdade e tempo disponível.

Acumular com o trabalho - Você pode perfeitamente continuar com seu trabalho e fazer investimentos passivos. Usar parte do seu salário para aportes mensais ao longo prazo é uma ótima opção para garantir uma aposentadoria gorda.

Desvantagens

Baixo rendimento - Para conseguir viver de juros você terá que investir uma grande quantidade de dinheiro durante muito tempo. Isso porque os investimentos que dão maiores retornos exigem que o dinheiro fique parado durante anos a fio, além de pagarem uma porcentagem muito baixa sobre o valor investido.

Uma empresa/franquia, diferentemente, em condições normais, proporciona lucros todos meses e em quantidades superiores àquelas proporcionalmente pagas pelos investimentos.

Além disso, dificilmente trabalhando e investindo de forma passiva você conseguirá ficar rico – basta ver a lista das pessoas mais ricas do mundo. Dessa lista, somente Warren Buffett é inteiramente investidor; todos os outros possuem empresas ou são sócios de empresas.

Começar grande - Se você quiser viver inteiramente de renda, você terá que começar com grandes somas de dinheiro. Para se ter uma ideia, seria necessário algo em torno de 1 milhão de reais para se viver uma vida de classe média.

RESUMO COMPARATIVO

MARCA

Negócio Independente: O empresário terá que criar e ganhar espaço com uma marca a partir do zero.

Franquia: O franqueado detém o uso de uma marca já conhecida e com que os consumidores se identificam.

Investimentos Financeiros: Não possui.

PRODUTOS E SERVIÇOS

Negócio Independente: O empresário terá que pensar, testar e implementar todos os produtos e serviços. Ele terá que ter o conhecimento de todo o negócio e dos produtos/serviços. Também terá maior liberdade e agilidade para criar e se adaptar ao mercado local.

Franquia: O negócio já começa com produtos/ serviços testados e aprovados pelos consumidores. Por ser padronizado o franqueado tem menor disponibilidade para criar.

Investimentos Financeiros: O investidor deverá escolher com muito cuidado onde irá investir seu dinheiro. Também deverá conhecer muito bem as formas de investimento.

TREINAMENTO

Negócio Independente: Depende exclusivamente do empresário para treinar e capacitar seus funcionários.

Franquia: A franquia dá o treinamento tanto para o franqueado quanto para os funcionários. Além do know-how.

Investimentos Financeiros: Necessita de pouco treinamento, depois que pegar o jeito, torna-se automático.

INÍCIO

Negócio Independente: Começará pequeno e desconhecido. Levará certo tempo para crescer e se destacar.

Franquia: Começará com uma rede por trás dando apoio e com uma equipe de consultores.

Investimentos Financeiros: Muito simples, basta abrir uma conta em uma corretora.

PUBLICIDADE E MARKETING

Negócio Independente: O próprio empresário deverá pensar desde o nome da marca até em como fazer as propagandas. Poderá contratar uma empresa especializada, porém, o custo será mais elevado.

Franquia: O franqueado já começa com uma identidade visual pronta e testada. Propagandas prontas, cartazes, banners, flyers... Ou seja, o marketing já estará pronto, bastando somente colocar em prática em nível nacional pelo franqueador e em nível local pelo franqueado (isso poderá variar de franquia para franquia).

Investimentos Financeiros: Não possui.

FORNECEDORES, MÁQUINAS OU EQUIPAMENTOS UTILIZADOS.

Negócio Independente: O empresário escolhe e especifica sozinho qual será o fornecedor e a matéria-prima que irá utilizar. Poderá testar novas tecnologias, porém, terá que aprender por conta ou contratar alguém que lhe ensine.

Franquia: O franqueador é quem irá indicar o fornecedor, as máquinas e os equipamentos a serem utilizados. Apesar de ficar preso a um fornecedor, o franqueado correrá menos riscos por ser um fornecedor de confiança e também pagará mais barato pela matéria prima; afinal, a franquia compra em larga escala.

Investimentos Financeiros: Não possui.

DESENVOLVIMENTO DE NOVOS PRODUTOS

Negócio Independente: O empresário terá uma maior liberdade para pensar, desenvolver e implementar no seu negócio. Porém, sem nenhuma garantia de que dará certo. Além disso, para fazer as pesquisas de mercado, deverá gastar tempo e dinheiro.

Franquia: Todos os franqueados podem criar e sugerir novos produtos para o franqueador e, consequentemente, vir a serem implementados em toda a rede de franquia. Além disso, o franqueador está a todo momento pensando em novos produtos e os testando nas suas próprias unidades.

Investimentos Financeiros: O mercado financeiro pode criar novas formas de investimentos. E é bom estar de olho.

PONTO COMERCIAL

Negócio Independente: O empresário é totalmente livre para escolher seu ponto comercial.

Franquia: O franqueador é quem escolhe o ponto comercial, de acordo com o seu público-alvo. Ele também aluga o local e subloca para o franqueado.

Investimentos Financeiros: Não possui.

PROBLEMAS NO DIA-A-DIA

Negócio Independente: Por ser algo novo e diferente, trará problemas e situações inéditas e particulares.

Franquia: O franqueador já sabe onde os problemas costumam aparecer. Por isso, ele preza pela prevenção. Faz isso através de consultorias pessoais e pelos próprios manuais.

Investimentos Financeiros: Não existem. Basta investir e aguardar o vencimento do título ou a reavaliação periódica.

VENDA DO NEGÓCIO

Negócio Independente: Livre para quem quiser e estiver disposto a comprar.

Franquia: Precisa da autorização do franqueador. O franqueado não pode vender para qualquer pessoa.

Investimentos Financeiros: Depende do investimento feito. Alguns investimentos exigem uma permanência mínimo do capital. Ainda, quanto menor o tempo investido, maior é a incidência de imposto de renda.

RECURSOS HUMANOS

Negócio Independente: Possivelmente o empresário não terá conhecimento de RH, então terá que contratar consultoria externa, o que ocasionará mais uma despesa.

Franquia: Possui um RH já testado e adaptado pelo franqueador. Se precisar de um consultor, sairá mais barato.

Investimentos Financeiros: Não possui.

QUANTIDADE DE TRABALHO PARA ABRIR E GERENCIAR

Negócio Independente: Muito trabalho. É preciso pensar e fazer tudo na empresa desde o início.

Franquia: Médio. O franqueador estará lá para ajudar o franqueado. No começo irá montar o estabelecimento e treinar os funcionários. O franqueado precisará gerir o negócio, o que pode dar muito trabalho ou nem tanto, a depender da franquia.

Investimentos Financeiros: Baixo. É possível fazer investir e ainda trabalhar ou abrir uma empresa.

CHANCES DE LUCROS

Negócio Independente: A maioria das empresas independentes que abrem acabam fechando com menos de 5 anos.

Franquia: A taxa de mortalidade de franquias é de menos de 10%.

Investimentos Financeiros: Praticamente 100%. Se optar por investimentos conservadores a chance de lucro é praticamente certa.

DIFERENÇAS ENTRE PERMISSÃO, CONCESSÃO, LICENCIAMENTO E FRANQUIA

Algumas empresas se utilizam do sistema de licenciamento, em oposição ao sistema de franquias.

Diferentemente das franquias, aqui há muita liberdade e pouco suporte, sendo que o empresário pode, por exemplo, construir o estabelecimento como preferir e somente utilizar a marca da empresa matriz.

Geralmente, o fornecimento dos produtos também é realizado pela matriz.

Muitas pessoas confundem os conceitos de permissão, concessão e licenciamento. Para esclarecer essas dúvidas, trago suas definições:

Franquia: Contrato em que um franqueador autoriza um franqueado a usar marcas e outros objetos de propriedade intelectual, sempre associados ao direito de produção ou distribuição exclusiva ou não exclusiva de produtos ou serviços e também ao direito de uso de métodos e sistemas de implantação e administração de negócio ou sistema operacional desenvolvido ou detido pelo franqueador, mediante remuneração direta ou indireta, sem caracterizar relação de consumo ou vínculo empregatício em relação ao franqueado ou a seus empregados, ainda que durante o período de treinamento. Regida pela Lei 13.966/2019.

Licenciamento: É o contrato que se destina a autorizar o uso por terceiros de marcas ou outros direitos de propriedade intelectual nos termos da Lei 9.279/96.

Concessão: Empresas que possuem algum vínculo específico com o poder público. Delegação de serviço público feita pelo poder concedente, mediante licitação, na modalidade de concorrência, à pessoa jurídica ou consórcio de empresa que demonstre capacidade para o seu desempenho, por sua conta e risco e por prazo determinado (Lei 8.987/95).

Permissão: Empresas que possuem algum vínculo específico com o poder público. Delegação a título precário, mediante licitação, de prestação de serviços públicos, feita do poder concedente à pessoa física ou jurídica que demonstre capacidade para o seu desempenho por sua conta e risco (Lei 8.987/95).

CAPÍTULO 4 - FRANQUIAS

Parabéns por ter chegado até aqui! Se você está lendo isso, significa que o sistema de franquias realmente é para você!

Aproveite ao máximo e leia com bastante atenção os próximos capítulos.

HISTÓRIA E ORIGEM

Muitos pensam que o sistema de franchising nasceu nos Estados Unidos. Entretanto, o que nasceu por lá foi somente o sistema de franquias que nós conhecemos hoje.

A sua real origem ocorreu na França feudal, quando a Igreja, detentora de grande parte das terras e, portanto, arrecadadora de impostos, concedia o direito à algum nobre de cobrar os impostos dos camponeses.

À essa concessão se dava o nome de "Franc", que mais tarde se tornou franchising na língua inglesa e franquia na língua portuguesa.

Como dito, o sistema de franquias tal qual conhecemos hoje teve seu início nos Estado Unidos em 1850, com a indústria Singer. Naquela época, pensando em ter uma penetração maior e mais veloz, a Singer autorizada terceiros a usarem a sua marca. Assim, teve sua marca fortalecida com um baixo investimento.

No Brasil, as franquias pioneiras foram as de escolas de inglês como Yázigi e CCAA na década de 1960, dessa forma expandindo muito rapidamente no território nacional.

Atualmente, contamos com mais de 3 mil franqueadoras no país, possibilitando que um novo franqueado possa escolher abrir o seu negócio em qualquer setor econômico.

QUAIS SÃO OS TERMOS COMUNS? O DICIONÁRIOS DAS FRANQUIAS.

A seguir vou detalhar os termos mais comuns utilizados no sistema de franchising.

Acordo legal: É o contrato realizado entre o franqueador e o franqueado. Normalmente estabelece uma série de responsabilidades e limitações ao franqueado. As limitações podem envolver formas de vender o seu negócio e a utilização da marca.

Agente: Sinônimo de procurador, ou seja, pessoa autorizada por outra para agir no seu lugar.

Aprovação/Consentimento: Normalmente se refere a alguma limitação imposta ao franqueado. Por exemplo, para revender ou repassar a sua unidade franqueada, será necessária a autorização do franqueador.

Arbitragem: Forma de resolução de conflitos entre franqueador e franqueado. Geralmente feita por uma câmara arbitral. Tome cuidado: eventual cláusula de arbitragem impossibilitará os Tribunais de Justiça de analisarem o seu conflito, ficando a decisão vinculada ao árbitro.

Capital Inicial: Dinheiro necessário para abrir e começar a operar uma franquia. Inclui as taxas iniciais, o capital de giro e a reserva financeira.

Circular de Oferta de Franquia (COF): Documento exigido por lei que é cedido pelo franqueador que contém todos os direitos e deveres do franqueado e franqueador além de diversas informações obrigatórias e úteis ao franqueado. Deve ser entregue pelo menos 10 dias antes de qualquer assinatura de contrato ou pré-contrato.

Cláusula de Não-Competição: Cláusula contratual que geralmente proíbe o franqueado de ter ou participar de outro negócio no mesmo ramo da franquia. Também proíbe o franqueado de abrir outro negócio no mesmo ramo depois de ter rescindido o contrato com o franqueador, normalmente pelo prazo de 5 anos.

Conselho de Franqueados: Conselho criado pelo próprio franqueador em que se reúnem alguns franqueados para representar os interesses e opiniões de todos. Nesse conselho, propostas podem ser debatidas e levadas ao franqueador para a sua avaliação.

Consultor de Campo: O maior amigo ou inimigo do franqueado. É a pessoa contratada pelo franqueador para visitar o negócio do franqueado. O consultor poderá fazer avaliações de desempenho, higiene, probidade e padronização da unidade do franqueado.

Também poderá ajudar o franqueado nas questões relativas ao marketing e fazer a intermediação entre o franqueado e o franqueador.

Contrato de Franquia: O contrato realizado entre o franqueado e o franqueador. Normalmente contém as informações legais mais importantes como área geográfica, fornecimento de material de marketing e de treinamento, termos da renovação e casos de rescisão contratual.

Controle de Qualidade: Controle do franqueador sobre os produtos vendidos e serviços prestados pelo franqueado.

Convenção de Franqueados: Reunião anual de todos os franqueados em que são discutidas e repassadas as metas e projeções para o próximo ano.

Corretor de Franquias: Pessoa contratada pelo franqueador e que normalmente é remunerada por contratos de franquia assinados.

Custo de Treinamento: Custo pago pelo franqueado e que está relacionado ao treinamento da equipe. Pode incluir passagens dos treinadores e outras despesas, além de poder estar incluído ou não na taxa de franquia.

Custos de Abertura: Custos iniciais que o franqueado terá para abrir a sua unidade e funcionar por um tempo mínimo estabelecido pelo franqueador. Inclui custo de treinamento, taxa de franquia, aluguel do imóvel, preço de reforma do imóvel, salário dos funcionários, etc.

Direitos Reservados: O direito do franqueador de utilizar com exclusividade a sua marca. O franqueador autoriza, nos termos contratuais, o franqueado a utilizar os seus direitos.

Empresa Fornecedora: Uma empresa autorizada pelo franqueador para que os franqueados possam comprar dela. A fim de manter a qualidade e a padronização dos produtos os fraqueados não podem comprar de qualquer fornecedor, mas somente daqueles autorizados.

Especificações do Produto: Instruções do franqueador para que o franqueado possa produzir e vender de forma uniformizada.

Estudo Econômico de Viabilidade Financeira: Análise de situações financeiras que são discutidas com candidato a franqueado.

Final de contrato: A data em que o contrato se encerra.

Fornecedor Licenciado: Mesma coisa que empresa fornecedora ou empresa fornecedora licenciada.

Franchising de Conversão: O ato de conversão de uma empresa independente em uma unidade franqueada.

Franchising de Multiunidade: Situação em que um único franqueado possui mais de uma unidade do mesmo franqueador.

Franchising de Negócio Formatado: Entre as várias formas de franchising, esse modelo se destaca por dar ao franqueado exatamente o que ele procura, um negócio já formatado e pronto.

Franchising: Sinônimo de Franquia, em inglês. É o sistema de franquias.

Franqueado: Aquele que compra o direito de usar a marca do franqueador, bem como comercializar seus produtos e serviços. Também recebe treinamento e os segredos do negócio, conhecido como "know-how".

Franqueador: Aquele que é o dono da rede de franquia, é ele quem cede o direito ao franqueado para que este use sua marca e receba o "know-how". É o detentor do conhecimento do negócio de sucesso.

Franquia de Serviço: São franquias que normalmente oferecem soluções para problemas do dia-a-dia das pessoas.

Franquia Exclusiva: Garantia dada pelo franqueador de que o franqueado não sofrerá concorrência da mesma franquia dentro de determinado espaço geográfico. Pode ser dentro de uma mesma cidade ou dentro de um shopping center, por exemplo.

Franquia Internacional: Como o próprio nome sugere, são franquias que possuem unidades fora do país.

Franquia Regional: Muito parecido com a franquia exclusiva. O franqueado possui a garantia que o franqueador não irá vender outra franquia dentro de determinado espaço geográfico.

Fundo de Propaganda Cooperada: Fundo em que os franqueados contribuem para alavancar o marketing da franquia. Pode ser útil para caso os franqueados queiram veicular uma propaganda em uma grande emissora de televisão em um horário nobre.

Geração de Franquia: Quanto maior a geração mais conhecimento a franqueadora irá repassar ao franqueado.

Homebased: Franquias que podem ser instaladas em casa ou que não necessitam de grande fluxo de consumidores.

Know-how: É o segredo do franqueador. Como ele opera a rede, qual sistema utiliza, qual é a logística implementada e tudo que é necessário para poder operar a franquia. É basicamente o conhecimento do franqueador.

Licenciador: Pessoa ou empresa que autoriza a vinculação da sua marca ou nome a determinados produtos.

Linha Completa: Venda que somente é realizada caso o comprador compre determinada quantidade ou variedade de um mesmo vendedor. Por exemplo, algumas marcas de bebida realizam essa prática.

Localização: Local em que a franquia será instalada. Geralmente o franqueador informa quais são os requisitos necessários para a instalação da franquia. Exemplo: a franquia deve ser instalada em uma esquina e ter estacionamento próprio com no mínimo cinco vagas.

Logotipo: É a imagem que vincula o franqueador a sua marca.

Manual de Operações: Material desenvolvido pelo franqueador com todas as regras, normas, procedimentos e rotinas operacionais, que deve ser entregue ao franqueado na assinatura do contrato.

Marca de Serviço: Marca utilizada para identificar um serviço e diferenciar de um produto.

Marca Registrada: Qualquer marca, imagem, nome, símbolo utilizado pelo franqueador para ser identificado no mercado.

Marca Visual: Maneira como a franquia é vista pelos seus consumidores. Pode incluir propaganda, marketing, uniformes, slogan, arquitetura, etc.

Negligência: Omissão indevida do franqueado ou do franqueador.

Nome do negócio: Como a rede de franquia é conhecida, além de como os produtos são chamados.

Opção de Recompra: Opção estabelecida em contrato na qual o franqueador poderá recomprar a franquia por um preço pré-estabelecido caso o franqueado deseje sair do negócio.

Operação de Concorrência ou Pactos Contra Concorrência: Cláusula contratual em que o franqueado fica proibido de abrir outro negócio no mesmo ramo da franquia pelo período em que é detentor de uma unidade franqueada ou por prazo contratualmente estipulado.

Padronização de Produto: Forma de o franqueador manter a qualidade dos seus produtos.

Poder de Compra Cooperado: Uma das vantagens das franquias. É a possibilidade de comprar em larga escala e por preços mais baixos.

Ponto Franqueado: Local ou área em que a franquia irá se instalar.

Preço Fixo: Preço estabelecido pelo franqueado e pelo franqueador.

Pré-Contrato de Franquia: Documento que na fase inicial de negociação regula os direitos e deveres do franqueado e do franqueador.

Processo de Seleção: Processo pelo qual o franqueador avalia se o possível franqueado tem a capacidade e as qualidades exigidas para gerir o negócio. Caso o candidato seja reprovado, o contrato não se realizará.

Projeção Financeira ou de Lucro: Documento confeccionado pelo franqueador para demonstrar ao franqueado as projeções de expansão e possibilidades de lucro da rede e da unidade a ser franqueada. Não fornecem uma previsão exata, mas possibilitam uma avaliação racional.

Promoção de Pré-inauguração: Serve para divulgar o novo negócio antes mesmo de ele abrir. Cria expectativas nos consumidores.

Propaganda a Pronto Uso: Cartazes, flyers, cartões de visita, artes e peças de marketing prontas para mandar para a gráfica. Os custos podem ser divididos entre os franqueados.

Renovação: Possibilidade de continuidade da relação comercial quando o contrato de franquia chega ao fim. Novos termos podem ser discutidos na renovação. Por exemplo, valores de royalties.

Renúncia: Cláusula contratual que estabelece que mesmo se uma das partes violar um pequeno dever tal situação não irá ocasionar a rescisão do contrato ou a geração de multas.

Rescisão Unilateral: A possibilidade de uma das pessoas do contrato rescindi-lo sem a anuência do outro, geralmente também sem multa para ele. Ocorre quando a outra parte feriu algum dever assumido.

Rescisão: O ato de findar o contrato de franquia antes do prazo estabelecido. Pode ser feito tanto pelo franqueado quanto pelo franqueador.

Responsabilidade do Produto: Produtos colocados no mercado de consumo podem causar danos aos consumidores. Assim, é possível estabelecer uma limitação quanto a esses danos, se eles deverão ser indenizados pelo franqueador ou somente pelo franqueado.

Responsabilidade Mútua: Quando franqueador e franqueado assumem a responsabilidade pelos danos causados no desenvolvimento da atividade econômica.

Seleção de Ponto: Processo de escolha onde a franquia será instalada.

Sub-franqueador: Pessoa que possui contrato com o franqueador direto e que pode vender franquias em determinada área geográfica. Dedica-se mais a vender franquias do que a operá-las.

Supervisão de Campo: De tempos em tempos um representante da franqueadora poderá visitar o franqueado, levantando problemas, dando sugestões e acompanhando todo o processo. Também poderá coletar e analisar dados do franqueado.

Taxa de Franquia: Valor pago ao franqueador para poder usar a marca e receber o know-how, cobrado uma única vez. Pode incluir valores com treinamento e outros serviços. É uma taxa inicial.

Taxa de Publicidade ou Taxa de Marketing: Taxa paga periodicamente que é destinada exclusivamente para marketing e propaganda, pode ter um custo fixo ou ser uma porcentagem do lucro.

Taxa de Royalties: Taxa paga periodicamente ao franqueador para que ele possa continuar a dar assistência ao franqueado, pode ter um custo fixo ou uma porcentagem do lucro. Também pode ser cobrada sob a forma de lucro sobre as compras dos produtos do franqueador.

Por exemplo, um franqueador poderá repassar ao franqueado os produtos com um lucro de 10%. Assim, ele lucrará sobre as vendas ao franqueado, ao invés de cobrar uma porcentagem do lucro ou uma taxa fixa.

Território: Local em que a franquia provavelmente terá exclusividade.

Transgressão: Descumprimento de um acordo comercial. Poderá causar a rescisão do contrato.

Treinamento de Franqueados: Treinamento dado pelo franqueador para que o franqueado saiba como operar o seu negócio e gerir a sua marca.

Treinamento de Colaboradores: Treinamento dado aos empregados das franquias.

Unidade Franqueada: Unidade comprada ou montada pelo franqueado.

Unidade Piloto: Unidades próprias do franqueador. É o modelo a ser seguido. Também é onde novos produtos e serviços são testados. Possível lugar de treinamento do franqueado e da sua equipe.

LEGISLAÇÃO

A atual lei que rege as relações de franchising é a Lei 13.966/2019. É simplesmente obrigatório a todos que desejam abrir uma franquia ler pelo menos três vezes essa lei.

Ela regulamenta todos os direitos e obrigações do franqueador e do franqueado. Ao negociar com o franqueador é imprescindível que você acompanhe a negociação comparando-a com a lei.

Afinal, você não vai querer investir seu dinheiro em uma empresa que não está de acordo com a lei, certo? Ou ainda, se ela não consegue nem seguir a lei, como será o suporte que ela dará para você? Bom, acho que você já entendeu...

A lei é bem fácil de se entender. A seguir vou disponibilizar o link para o site oficial do governo federal. Caso você nunca tenha lido nenhuma lei na vida, essa é a sua oportunidade.

Também deixarei a lei integralmente transcrita abaixo.

Pode-se conferir a lei clicando aqui.

LEI Nº 13.966, DE 26 DE DEZEMBRO DE 2019

> Dispõe sobre o sistema de frai
> empresarial e revoga a Lei nº 8.955, c
> de dezembro de 1994 (Lei de Franquia

O PRESIDENTE DA REPÚBLICA Faço saber que o Congresso Nacional decreta e eu sanciono a seguinte Lei:

Art. 1º Esta Lei disciplina o sistema de franquia empresarial, pelo qual um franqueador autoriza por meio de contrato um franqueado a usar marcas e outros objetos de propriedade intelectual, sempre associados ao direito de produção ou distribuição exclusiva ou não exclusiva de produtos ou serviços e também ao direito de uso de métodos e sistemas de implantação e administração de negócio ou sistema operacional desenvolvido ou detido pelo franqueador, mediante remuneração direta ou indireta, sem caracterizar relação de consumo ou vínculo empregatício em relação ao franqueado ou a seus empregados, ainda que durante o período de treinamento.

§ 1º Para os fins da autorização referida no **caput**, o franqueador deve ser titular ou requerente de direitos sobre as marcas e outros objetos de propriedade intelectual negociados no âmbito do contrato de franquia, ou estar expressamente autorizado pelo titular.

§ 2º A franquia pode ser adotada por empresa privada, empresa estatal ou entidade sem fins lucrativos, independentemente do segmento em que desenvolva as atividades.

Art. 2º Para a implantação da franquia, o franqueador deverá fornecer ao interessado Circular de Oferta de Franquia, escrita em língua portuguesa, de forma objetiva e acessível, contendo obrigatoriamente:

I - histórico resumido do negócio franqueado;

II - qualificação completa do franqueador e das empresas a que esteja ligado, identificando-as com os respectivos números de inscrição no Cadastro Nacional da Pessoa Jurídica (CNPJ);

III - balanços e demonstrações financeiras da empresa franqueadora, relativos aos 2 (dois) últimos exercícios;

IV - indicação das ações judiciais relativas à franquia que questionem o sistema ou que possam comprometer a operação da franquia no País, nas quais sejam parte o franqueador, as empresas controladoras, o subfranqueador e os titulares de marcas e demais direitos de propriedade intelectual;

V - descrição detalhada da franquia e descrição geral do negócio e das atividades que serão desempenhadas pelo franqueado;

VI - perfil do franqueado ideal no que se refere a experiência anterior, escolaridade e outras características que deve ter, obrigatória ou preferencialmente;

VII - requisitos quanto ao envolvimento direto do franqueado na operação e na administração do negócio;

VIII - especificações quanto ao:

a) total estimado do investimento inicial necessário à aquisição, à implantação e à entrada em operação da franquia;

b) valor da taxa inicial de filiação ou taxa de franquia;

c) valor estimado das instalações, dos equipamentos e do estoque inicial e suas condições de pagamento;

IX - informações claras quanto a taxas periódicas e outros valores a serem pagos pelo franqueado ao franqueador ou a terceiros por este indicados, detalhando as respectivas bases de cálculo e o que elas remuneram ou o fim a que se destinam, indicando, especificamente, o seguinte:

a) remuneração periódica pelo uso do sistema, da marca, de outros objetos de propriedade intelectual do franqueador ou sobre os quais este detém direitos ou, ainda, pelos serviços prestados pelo franqueador ao franqueado;

b) aluguel de equipamentos ou ponto comercial;

c) taxa de publicidade ou semelhante;

d) seguro mínimo;

X - relação completa de todos os franqueados, subfranqueados ou subfranqueadores da rede e, também, dos que se desligaram nos últimos 24 (vinte quatro) meses, com os respectivos nomes, endereços e telefones;

XI - informações relativas à política de atuação territorial, devendo ser especificado:

a) se é garantida ao franqueado a exclusividade ou a preferência sobre determinado território de atuação e, neste caso, sob que condições;

b) se há possibilidade de o franqueado realizar vendas ou prestar serviços fora de seu território ou realizar exportações;

c) se há e quais são as regras de concorrência territorial entre unidades próprias e franqueadas;

XII - informações claras e detalhadas quanto à obrigação do franqueado de adquirir quaisquer bens, serviços ou insumos necessários à implantação, operação ou administração de sua franquia apenas de fornecedores indicados e aprovados pelo franqueador, incluindo relação completa desses fornecedores;

XIII - indicação do que é oferecido ao franqueado pelo franqueador e em quais condições, no que se refere a:

a) suporte;

b) supervisão de rede;

c) serviços;

d) incorporação de inovações tecnológicas às franquias;

e) treinamento do franqueado e de seus funcionários, especificando duração, conteúdo e custos;

f) manuais de franquia;

g) auxílio na análise e na escolha do ponto onde será instalada a franquia; e

h) leiaute e padrões arquitetônicos das instalações do franqueado, incluindo arranjo físico de equipamentos e instrumentos, memorial descritivo, composição e croqui;

XIV - informações sobre a situação da marca franqueada e outros direitos de propriedade intelectual relacionados à franquia, cujo uso será autorizado em contrato pelo franqueador, incluindo a caracterização completa, com o número do registro ou do pedido protocolizado, com a classe e subclasse, nos órgãos competentes, e, no caso de cultivares, informações sobre a situação perante o Serviço Nacional de Proteção de Cultivares (SNPC);

XV - situação do franqueado, após a expiração do contrato de franquia, em relação a:

a) **know-how** da tecnologia de produto, de processo ou de gestão, informações confidenciais e segredos de indústria, comércio, finanças e negócios a que venha a ter acesso em função da franquia;

b) implantação de atividade concorrente à da franquia;

XVI - modelo do contrato-padrão e, se for o caso, também do pré-contrato-padrão de franquia adotado pelo franqueador, com texto completo, inclusive dos respectivos anexos, condições e prazos de validade;

XVII - indicação da existência ou não de regras de transferência ou sucessão e, caso positivo, quais são elas;

XVIII - indicação das situações em que são aplicadas penalidades, multas ou indenizações e dos respectivos valores, estabelecidos no contrato de franquia;

XIX - informações sobre a existência de cotas mínimas de compra pelo franqueado junto ao franqueador, ou a terceiros por este designados, e sobre a possibilidade e as condições para a recusa dos produtos ou serviços exigidos pelo franqueador;

XX - indicação de existência de conselho ou associação de franqueados, com as atribuições, os poderes e os mecanismos de representação perante o franqueador, e detalhamento das competências para gestão e fiscalização da aplicação dos recursos de fundos existentes;

XXI - indicação das regras de limitação à concorrência entre o franqueador e os franqueados, e entre os franqueados, durante a vigência do contrato de franquia, e detalhamento da abrangência territorial, do prazo de vigência da restrição e das penalidades em caso de descumprimento;

XXII - especificação precisa do prazo contratual e das condições de renovação, se houver;

XXIII - local, dia e hora para recebimento da documentação proposta, bem como para início da abertura dos envelopes, quando se tratar de órgão ou entidade pública.

§ 1º A Circular de Oferta de Franquia deverá ser entregue ao candidato a franqueado, no mínimo, 10 (dez) dias antes da assinatura do contrato ou pré-contrato de franquia ou, ainda, do pagamento de qualquer tipo de taxa pelo franqueado ao franqueador ou a empresa ou a pessoa ligada a este, salvo no caso de licitação ou pré-qualificação promovida por órgão ou entidade pública, caso em que a Circular de Oferta de Franquia será divulgada logo no início do processo de seleção.

§ 2º Na hipótese de não cumprimento do disposto no § 1º, o franqueado poderá arguir anulabilidade ou nulidade, conforme o caso, e exigir a devolução de todas e quaisquer quantias já pagas ao franqueador, ou a terceiros por este indicados, a título de filiação ou de **royalties**, corrigidas monetariamente.

Art. 3º Nos casos em que o franqueador subloque ao franqueado o ponto comercial onde se acha instalada a franquia, qualquer uma das partes terá legitimidade para propor a renovação do contrato de locação do imóvel, vedada a exclusão de qualquer uma delas do contrato de locação e de sublocação por ocasião da sua renovação ou prorrogação, salvo nos casos de inadimplência dos respectivos contratos ou do contrato de franquia.

Parágrafo único. O valor do aluguel a ser pago pelo franqueado ao franqueador, nas sublocações de que trata o **caput**, poderá ser superior ao valor que o franqueador paga ao proprietário do imóvel na locação originária do ponto comercial, desde que:

I - essa possibilidade esteja expressa e clara na Circular de Oferta de Franquia e no contrato; e

II - o valor pago a maior ao franqueador na sublocação não implique excessiva onerosidade ao franqueado, garantida a manutenção do equilíbrio econômico-financeiro da sublocação na vigência do contrato de franquia.

Art. 4º Aplica-se ao franqueador que omitir informações exigidas por lei ou veicular informações falsas na Circular de Oferta de Franquia a sanção prevista no § 2º do art. 2º desta Lei, sem prejuízo das sanções penais cabíveis.

Art. 5º Para os fins desta Lei, as disposições referentes ao franqueador ou ao franqueado aplicam-se, no que couber, ao subfranqueador e ao subfranqueado, respectivamente.

Art. 6º (VETADO).

Art. 7º Os contratos de franquia obedecerão às seguintes condições:

I - os que produzirem efeitos exclusivamente no território nacional serão escritos em língua portuguesa e regidos pela legislação brasileira;

II - os contratos de franquia internacional serão escritos originalmente em língua portuguesa ou terão tradução certificada para a língua portuguesa custeada pelo franqueador, e os contratantes poderão optar, no contrato, pelo foro de um de seus países de domicílio.

§ 1º As partes poderão eleger juízo arbitral para solução de controvérsias relacionadas ao contrato de franquia.

§ 2º Para os fins desta Lei, entende-se como contrato internacional de franquia aquele que, pelos atos concernentes à sua conclusão ou execução, à situação das partes quanto a nacionalidade ou domicílio, ou à localização de seu objeto, tem liames com mais de um sistema jurídico.

§ 3º Caso expresso o foro de opção no contrato internacional de franquia, as partes deverão constituir e manter representante legal ou procurador devidamente qualificado e domiciliado no país do foro definido, com poderes para representá-las administrativa e judicialmente, inclusive para receber citações.

Art. 8º A aplicação desta Lei observará o disposto na legislação de propriedade intelectual vigente no País.

Art. 9º Revoga-se a Lei nº 8.955, de 15 de dezembro de 1994 (Lei de Franquia).

Art. 10. Esta Lei entra em vigor após decorridos 90 (noventa) dias de sua publicação oficial.

Brasília, 26 de dezembro de 2019; 198º da Independência e 131º da República.

JAIR MESSIAS BOLSONARO

Paulo Guedes

Este texto não substitui o publicado no DOU de 27.12.2019

FACILIDADE DAS FRANQUIAS

Certa vez um amigo que estava abrindo a sua primeira franquia me disse: **"É uma delícia abrir uma franquia"**.

Ao longo deste e-book já comentei sobre os inúmeros benefícios de se ter uma franquia. Entretanto, agora vou organizar e aprofundar nesse ponto.

Eu gosto de pensar que abrir uma franquia significa terceirizar a parte chata. Ou seja, todo plano de negócio, escolha do ponto comercial, procura por bons fornecedores, planejamento da arquitetura do estabelecimento, tudo o que gasta uma ENORME quantidade de tempo e energia e que não irá trazer um retorno imediato para você será terceirizado.

Terceirizando essa parte, você poderá focar em questões que realmente importam, tais como: ganhar dinheiro, conquistar clientes, liderar a equipe e cuidar de assuntos que se convertam em vendas!

Eu digo e repito, **franquia é para quem gosta de colocar a mão na massa e de gerenciar um negócio.**

Depois de escolher uma franquia – ponto que será melhor abordado no próximo capítulo –, você terá total apoio para escolher seu ponto comercial. Aqui vale ressaltar que o ponto comercial vai ser locado pelo franqueador e sublocado ao franqueado.

Todo mundo sabe a importância de se ter um bom ponto comercial e a importância de se manter no mesmo lugar. Tome como exemplo uma loja bem tradicional que fechou em um shopping center. Com o seu fechamento, é extremamente comum ouvirmos comentários do tipo "ah! Aqui é onde ficava a loja tal!". Portanto, a escolha do ponto comercial é crucial e a ajuda do franqueador é essencial.

Afinal, é o franqueador quem sabe o melhor local para o seu negócio. É ele quem sabe se a unidade deverá ficar situada em uma avenida movimentada ou num bairro tranquilo. Ele também saberá onde é o melhor lugar para instalar a sua unidade dentro de um shopping center, por exemplo.

A sublocação é uma forma de o franqueador ter segurança de que o franqueado não irá somente aprender tudo o que há para ser aprendido e depois romperá o contrato e abrirá uma marca própria no mesmo lugar.

Após escolher o ponto comercial, deve-se reformá-lo ou construí-lo. Na franchising a arquitetura é padrão, ou seja, nada de perder tempo indo atrás de arquiteto e gastando meses falando "não gostei disso aqui, acho que essa parede deve ficar mais para lá".

O projeto arquitetônico vem pronto e só é executado. Alguns franqueadores até constroem o lugar para o franqueado. Contratam o arquiteto, o engenheiro, os pedreiros, os pintores, etc.

Claro que quem irá pagar a construção/reforma será o franqueado; entretanto, só o fato de não ter que lidar com uma obra já libera o franqueado para pensar em outras coisas, como no seu treinamento e o da sua equipe. Ora, só quem já construiu ou reformou uma casa sabe o trabalho e a dor de cabeça que isso dá.

Após concluído o espaço físico, seria necessário escolher o sistema de controle que o seu estabelecimento iria utilizar. Tanto um sistema de controle – software – de estoque e vendas como o de funcionários. Aqui você iria perder mais algum tempo e teria muita dor de cabeça. Entretanto, as franquias fornecem esses sistemas para você.

Certo! Agora que já temos o estabelecimento montado e como ele irá funcionar, falta colocar pessoas para trabalharem nele, ou seja, escolher os funcionários.

E aí vem a seguinte pergunta: como escolher os melhores? Como decidir? O que levar em consideração? Idade? Experiência prévia? Temperamento extrovertido? Introvertido? Todas essas características devem ser consideradas na escolha de um funcionário.

Determinadas características podem ser melhor aproveitadas em determinados cargos do que em outros. Nesse ponto, o franqueador irá te ajudar na escolha dos seus funcionários.

Por exemplo, em uma loja de artigos esportivos, provavelmente um jovem terá mais propriedade para falar. Em uma loja de maquiagens, uma mulher terá mais conhecimento sobre o assunto.

Claro que nem tudo é absoluto, porém, o franqueador dará algumas diretrizes que se encaixam melhor no sistema da franquia. Ele não irá dizer quem você deve contratar, a palavra final será sua, mas dará uma direção de qual perfil de pessoa melhor se encaixa para trabalhar na franquia.

Após a escolha das pessoas vem o treinamento. Aqui o tempo pode variar; geralmente o treinamento ocorre em até 30 dias. Todo treinamento é dado pelo franqueador ou passado ao franqueado e esse repassa à sua equipe.

O treinamento consiste na forma de atendimento ao cliente, regras de etiqueta, técnicas de vendas, conhecimento do produto ou serviço, o que falar ao cliente quando ele procura o estabelecimento, etc.

Enfim, sua equipe estará pronta para trabalhar após o treinamento.

Ótimo, agora que o estabelecimento está funcionando, será necessário divulgá-lo. Afinal, as pessoas precisam saber que ele existe. Ora, de nada adianta ter o melhor produto da cidade se ninguém sabe que ele existe.

Já dizia Bill Gates: "se eu tivesse 10 dólares para investir no meu negócio, eu gastaria 7 com marketing". Acho que você já teve uma ideia de quão importante é o marketing, certo?

Tamanha é a importância do marketing que não pode existir margem para erros. Até porque erros, aqui, significam prejuízos. E, na pior das hipóteses, a falência do negócio. A boa notícia é que o franqueador também já fez esse trabalho por você.

Com uma marca consolidada e com clientes fiéis, sua franquia já irá começar com lucro e com uma propaganda gratuita. Lembro-me muito bem de quando a loja "Zara" chegou à minha cidade. Simplesmente várias amigas só falavam sobre ela, antes mesmo da sua inauguração. E adivinha o que aconteceu? Eu tive que ir lá conhecer...

O franqueador também já pensou e testou as melhores estratégias de marketing. O bom franqueador já mensurou e colocou no papel qual é o tipo de marketing que possui o melhor custo-benefício. Assim, você poderá otimizar os seus recursos.

Marketing é uma das partes mais caras do negócio. Portanto, começar acertando é fundamental.

Certa vez em uma viagem com alguns amigos nós fomos comer em um shopping da cidade. Chegando lá, olhamos toda a praça de alimentação e em seguida dissemos quase que em conjunto "vamos ao Subway porque lá eu conheço".

Pronto, o restaurante conseguiu quatro clientes de outra cidade instantaneamente.

É como dizem, a propaganda é a alma do negócio. Você sabia que a palavra "alma" vem do latim "anima", que significa "vida"? Ou seja, **a propaganda é a vida do negócio**, e se o seu negócio começar com uma vida extra, melhor ainda, né?

ARMADILHAS DO MERCADO DE FRANQUIAS

Atualmente o Brasil possui mais de 3 mil redes de franquias. Portanto, obviamente umas serão melhores do que outras. E mais, algumas serão boas e outras ruins.

Você poderia me questionar se todas as franquias são iguais. Eu responderia com um sonoro "NÃO, não são".

Apesar de todas prometerem vender um negócio já pronto e testado, nem todas cumprem com a sua promessa. No mercado existem franquias que só possuem o objetivo de enriquecer o franqueador, não o franqueado.

Este capítulo é de suma importância para que você não seja enganado ou se frustre com a franquia adquirida.

Você deverá procurar uma franquia que atenda aos seus anseios e às suas expectativas.

O mercado está cheio de pessoas que vendem franquias como se fossem o pão da manhã. Falam que é uma franquia nova, um modelo de negócio, algo que será tendência, algo fresquinho e crocante... Entretanto, não falam quantas franquias fecharam, com que base eles pretendem atingir seus objetivos, etc.

Lembre-se: o papel aceita tudo. O franqueador poderá prometer mil coisas no papel, mas você deverá prestar igualmente atenção aos resultados da franquia. Portanto, não se deslumbre com as expectativas de ganhos, verifique também os resultados passados. Se possível, **converse com franqueados e, principalmente, com ex-franqueados.**

Segue abaixo uma lista de questionamentos que você deverá responder e prestar muita atenção ao procurar uma franquia.

Rede de franquia sem unidade própria: Fuja! Cerca de 15% dos franqueadores não possuem sequer uma única unidade própria. Mas pode isso? Franquia não deveria servir para justamente transferir o conhecimento e a experiência de um modelo que já deu certo?

Pois é... Como em todos os setores, o setor de franquias não está livre das pessoas que vendem sonhos e que na verdade só estão preocupados com os próprios.

Caro leitor, questione-se: se o negócio do franqueador é tão bom, a ponto de ele vender franquias e replicar o negócio, **por que ele não possui nenhuma franquia?**

Vender é fácil, difícil é entregar o que foi vendido e prometido. Ainda mais quando o vendedor sequer tem um modelo a ser seguido.

Franqueador que não possui um plano de vendas ou de negócio claro e realista: Lembre-se, franquia é a venda de um negócio que já deu certo. E mais do que isso, de um negócio que deu certo em determinado lugar.

Portanto, cuidado com franqueadores que não dominam nem a sua própria cidade e buscam expansões no Brasil inteiro. Ora, você acha mesmo que uma franquia de uma comida típica do nordeste brasileiro vai fazer o mesmo sucesso em todas as outras regiões?

Observe como estão espalhadas as franquias do franqueador. Peça o plano de expansão dele. Questione! Seja chato! Não fique com vergonha de perguntar e de enfrentar as contradições do franqueador.

Se algo não ficou claro, peça esclarecimentos! Ele está lá para tirar as suas dúvidas e fazer a venda. O esforço de venda deve ser dele. Portanto, não tenha dó. E, se você não ficou convencido, procure outra rede de franquia.

Além disso, qual é o suporte que o franqueador poderá dar ao franqueado de outro estado? Como ele irá enviar um consultor para o ajudar mensalmente? Quem irá pagar o deslocamento? E se ele alegar que não compensa enviar uma pessoa para ajudar? Pois é... tudo isso deve ser levado em consideração.

Franqueadores que não vendem a própria franquia: Cuidado com franqueadores que terceirizam a própria venda. Ora, a lógica é muito simples. Se o franqueador não está preparado para vender seu próprio negócio, será que ele é tão bom assim? Por que ele precisa de um vendedor profissional para te convencer?

É o franqueador quem mais conhece do negócio, logo, é ele quem deveria realizar as vendas. A relação entre franqueador e franqueado é uma relação de confiança. É como uma amizade em que os dois devem dar e receber.

Um franqueador que não sabe como vender a sua franquia, dificilmente saberá como repassar o conhecimento.

Tenha contato direto com o franqueador! Após comprar a franquia você não terá contato com o corretor ou o vendedor que te vendeu, mas sim com o franqueador. É dele que você dependerá. Será ele quem irá te repassar o conhecimento necessário.

Cuidado com corretores que vendem várias franquias de acordo com o seu bolso. Exija conhecer o franqueador, principalmente se for de uma franquia pequena.

FRANQUIAS EM TEMPOS DE CRISE

Atualmente estamos vivendo uma das maiores crises da história recente. E não apenas uma crise econômica, mas, sim, de saúde. A crise do Covid-19 veio para mudar todo o cenário econômico e literalmente transferir o dinheiro de uma mão para a outra.

Na verdade, crises causam esse efeito: passam o dinheiro de mãos menos preparadas para mãos mais preparadas. Nesse sentido, empresários que estruturam o seu negócio com uma base sólida tendem a sofrem menos com crises econômicas.

E mais do que isso, esses empresários tendem a se recuperar muito mais rápida e fortemente. Uma empresa antiga que continua em atividade no período pós-crise tende a crescer mais rapidamente do que uma nova empresa.

Além disso, existem ramos de negócios que têm seus lucros aumentados em tempos de crise. Para dar um exemplo, peguemos o ramo de alimentação.

Alimentação é um ramo que não tem como diminuir muito. As pessoas simplesmente precisam comer. O que muda é O QUE as pessoas comem e COMO elas comem.

Em tempos turbulentos e de recessão econômica, as pessoas tendem a comprar mais arroz, ovos e carne de frango, em detrimento de carne bovina.

Além disso, as pessoas tendem a pedir mais comida em casa, ao invés de sair para comer. Sair para comer é muito caro, gasta-se com bebida, deslocamento, taxas de garçom, etc.

Em casa, as pessoas no máximo pagam uma taxa de delivery, vez que a sua bebida já foi comprada junto às compras do mês. Portanto, **as pessoas não param de consumir, apenas mudam a sua forma de consumo.**

Além disso, ramos de primeira necessidade sempre estarão em expansão. Como, por exemplo, os ramos de medicina e cuidados pessoais. Outro ramo que tende a sofrer menos é o e-commerce.

As vendas online tendem a ser mais baratas do que as vendas presenciais. Durante as crises, o consumidor tende a pesquisar melhor o que irá comprar, ou seja, ele não deixa de comprar, mas, sim, compra do mais barato.

Nesse sentido, como o e-commerce possui menos gastos – p. ex. não paga aluguel –, ele consegue vender por preços mais baixos.

Por outro lado, existem ramos de atividades que não foram feitos para sobreviver a crises. Dentro do ramo de alimentos, podemos destacar as modinhas, ou seja, aqueles produtos que fazem muito sucesso rapidamente, mas que não conseguem fidelizar o consumidor.

Há algum tempo vimos os casos de sorvetes peculiares, como as paletas mexicanas e os iogurtes congelados.

São negócios que atraem o consumidor para o primeiro consumo, entretanto, não possuem um apelo de repetição. Ou seja, o consumidor experimenta uma única vez, por curiosidade, e depois se volta para outros produtos.

Além disso, são produtos facilmente cortados em tempos de crise. Esses produtos costumam ter um custo-benefício muito baixo, de forma que podem ser facilmente substituídos por outros igualmente bons e mais baratos.

Portanto, você deve entender o comportamento do seu cliente. O consumidor, de forma geral, é alguém que quer algo além do básico e simples, mas sem pagar muito por isso. Assim, quando for abrir a sua franquia, pense nisso.

Apesar de as franquias possuírem uma taxa de falência oito vezes menor do que os outros negócios, é melhor não se descuidar. Cerca de 3% das franquias fecham as portas no primeiro, 8% até o quinto ano e 9% até o décimo ano.

Por outro lado, a taxa de mortalidade das empresas independentes chega a 23% nos dois primeiros anos, sendo que 80% das microempresas desaparecem já no primeiro ano.

De acordo com o IBGE, entre as empresas que nasceram em 2012, a taxa de sobrevivência foi de 78,9% após 1 ano de funcionamento (2013), 64,5% após 2 anos (2014), 55,0% após 3 anos (2015), 47,2% após 4 anos (2016) e 39,8% após 5 anos (2017).

Portanto, não importa sob qual aspecto avaliemos, as franquias sempre possuem – e possuirão – taxas de sucesso mais elevadas.

CAPÍTULO 5 – COMO ESCOLHER A SUA FRANQUIA?

QUAL É O SEU PERFIL?

Já dizia a frase na entrada do Oráculo de Delfos: "conhece-te a ti mesmo". Também já dizia o gato à Alice, "se você não sabe para onde ir, qualquer caminho serve".

Antes de qualquer coisa, você deve conhecer a si mesmo. Quais são os seus gostos? Do que você gosta? Do que você sente aversão? Ainda, mais do que isso, quais são seus pontos fortes e o que você está disposto a aprender?

Não adianta você abrir uma franquia que precise fazer muitas reuniões se você não gosta de negociar. Também não adianta abrir uma franquia em que você terá que realizar as vendas pessoalmente se você é tímido.

Defina seu perfil e escolha uma franquia que necessite e valorize as suas características e qualidades. Por exemplo:

- O sistema exige grande capacidade de gestão?
- Necessita de liderança?
- Conhecimentos financeiros?
- Você lidará diretamente com clientes?

Todas essas perguntas precisam estar muito claras para você.

Uma dica que dou ao escolher o ramo da franquia é que você pense no seguinte: "se eu fosse abrir a empresa dos meus sonhos, em qual ramo seria?".

Agora pegue esse ramo e procure uma franquia que se encaixe nele.

Ter paixão pelo negócio é essencial, você terá uma empresa pelo resto da vida e se você não gostar do faz, inevitavelmente irá falir.

Claro que experiência no ramo deve ser levada em consideração. Entretanto, a paixão pelo negócio é algo essencial. Assim, tente encontrar um meio termo entre ambos. Se você possui experiência na área em que tem vontade de empreender, parabéns, considere-se uma pessoa de sorte.

Porém, nem tudo é tão simples e para ajudá-lo nessa escolha irei listar no próximo capítulo as principais áreas de atuação das franquias.

Imagine-se trabalhando nelas, imagine como seria o dia-a-dia. Você não precisa ter conhecimento técnico ou prévio dos ramos de atuação que irei listar, mas se você consegue se imaginar trabalhando com aquilo, já é um bom sinal.

TIPOS OU RAMOS DE FRANQUIA

Veja se algum ramo lhe chama mais atenção, seja por afinidade ou porque você enxerga uma oportunidade de negócio.

- Acessórios Pessoais, Calçados e Tênis
- Alimentação
- Bares, Restaurantes, Padarias e Pizzarias
- Bebidas, Cafés, Doces, Salgados e Sorvetes
- Beleza, Saúde e Produtos Naturais
- Bijuterias, Joias e Óculos
- Comunicação, Informática e Eletrônicos
- Construção e Imobiliárias
- Cosméticos e Perfumaria
- Educação e Treinamento
- Entretenimento, Brinquedos e Lazer
- Escolas de Idiomas
- Estética, Medicina e Odontologia
- Gráficas e Embalagens
- Hotelaria e Turismo
- Limpeza e Conservação
- Livrarias, Gráficas e Sinalização
- Móveis, Decoração e Presentes
- Negócios, Serviços e Conveniência
- Serviços Automotivos
- Vestuário

Tenha em mente que essa divisão é somente didática, você poderá encontrar outras listas por aí.

Nessa etapa também é importante afunilar ainda mais o segmento. Tente afunilar o máximo possível.

Por exemplo, o ramo de alimentação pode ser subdividido em cafeterias, lanchonetes, restaurantes de comida pronta, restaurantes de pratos feitos, pizzarias, esfirras, restaurante de comida árabe, etc.

O ramo de vestuário pode ser subdividido em moda exclusivamente masculina e social, moda feminina, moda feminina íntima, roupa de banho, etc.

Atividade: Imprima a lista acima e escolha ao menos três setores em que você gostaria de trabalhar. Escolha também dois setores em que você tem mais experiência; não tem problema se eles coincidirem. Em seguida, afunile cada setor em outros três subsetores. Isso ajudará você a começar a concretizar o seu sonho.

É MAIS FÁCIL ENTRAR EM UM RAMO QUE VOCÊ JÁ CONHECE, MAS CUIDADO!

Conhecimento é sempre bem-vindo. Você pode adquiri-lo através de experiência profissional, estudo próprio – o que você está fazendo nesse momento –, cursos ou aulas ministradas por outra pessoa que já tem domínio do assunto, entre outras formas.

Nas empresas independentes, é extremamente necessário que o empresário tenha um vasto conhecimento do setor em que irá atuar, isso porque ele estará sozinho em todas as tomadas de decisões.

Porém, na franquia, você não estará só, mas, sim, terá uma espécie de tutor, alguém que vai te ajudar a se manter no caminho correto. Ter experiência prévia no setor da franquia é algo bom, mas cuidado! Muitas pessoas que abrem franquias querem fazer as coisas do seu próprio jeito.

Ora, se você está comprando o know-how de alguém, você deve confiar no conhecimento dessa pessoa. É necessário ter humildade e aceitar as sugestões e determinações do franqueador.

Sabia que existem franqueadores que preferem que o franqueado não tenha nenhuma experiência prévia no ramo? Geralmente quem já possui um grande conhecimento de determinado setor fica mais suscetível a fazer as coisas do seu jeito e, assim, a quebrar as regras da franquia.

A pessoa tende a achar que o jeito dela é o melhor, o mais eficiente, e começa a implementar as suas ideias em detrimento das orientações do franqueador. Isso pode causar inúmeros problemas, e, inclusive, caracterizar quebra de contrato, fazendo com que o franqueado perca o direito de usar a marca.

Em contrapartida, quem não tem nenhum conhecimento prévio tende a seguir fielmente o que o franqueador diz, implementando os padrões da franquia – que são os segredos do sucesso – e, assim, mantendo o bom relacionamento.

Do franqueado espera-se que ele seja bom em gerenciamento, em vendas e que goste de metas. Do empresário independente, espera-se que ele seja expert em todas as áreas – setor de atuação, marketing, vendas, gerenciamento, tecnologia, etc.

COMO ESCOLHER O MERCADO CERTO?

Para escolher um bom mercado é necessário fazer algumas análises macroeconômicas e microeconômicas. Não vou dizer qual mercado está em alta e qual está em baixa, até porque isso é muito relativo à região, à classe social e, principalmente, a quando você estará lendo esse e-book.

Se eu desse informações específicas sobre tendências de mercado e você estivesse lendo esse e-book poucos meses depois de eu tê-lo escrito, ele já estaria desatualizado; afinal, com a globalização, tudo se modifica muito rapidamente.

Entretanto, algumas diretrizes podem te ajudar a escolher qual é o melhor mercado.

Comece com as informações que estão ao seu alcance: por exemplo, qual é o perfil da sua cidade? É uma cidade pequena, média ou grande? Tem algumas tradições? Qual é a mentalidade das pessoas? O que está no subconsciente delas? Quais lojas a sua cidade possui? Quais deram certo? Quais deram errado? Que setor sempre deu certo na sua cidade? Você mora em alguma capital? O que capitais maiores possuem e que a sua ainda carece?

Enfim, você precisará prestar atenção e pesquisar qual é o perfil da sua cidade e como ela está evoluindo, qual é a projeção da população para daqui 5 anos? A cidade tem uma classe A/B/C/D grande? É uma cidade comercial ou industrial? Tem muitos veículos? Qual é a principal reclamação das pessoas?

Uma dica de ouro: pergunte às pessoas! Do que elas sentem falta e o que elas gostariam que a cidade tivesse? Não tenha vergonha. Crie pesquisas no Facebook, Instagram, WhatsApp e peça para elas responderem.

Também é importante prestar atenção na macroeconomia, ou seja, na economia do país como um todo. Inclusive, você deve prestar atenção na política. O partido ou a pessoa que está na Presidência da República possui quais correntes ideológicas? Suas ações estão levando o Brasil para onde? Ele privilegia alguma classe social?

Por exemplo, nos últimos mandatos o poder de compra da classe C aumentou consideravelmente; feliz foi quem percebeu isso a tempo e se aproveitou.

Mas será que essa ascensão financeira vai aumentar ainda mais? Como estão os impostos? O poder de compra de cada classe econômica está aumentando ou diminuindo? E as exportações? E a bolsa? Ela pode ser um bom indicativo econômico, afinal, geralmente quando está subindo é porque os investidores estão confiantes quanto as políticas públicas. Será que algum imposto vai ser criado justamente para o produto ou serviço que você está pensando em vender?

Tudo isso e muito mais deve ser levado em consideração na escolha do mercado que você irá atuar. O franqueador deve dar todo esse suporte a você, mas cuidado, filtre muito bem o que ele disser, afinal, dificilmente ele irá dizer algo que afetará negativamente a sua escolha pela marca dele.

O PERFIL DA SUA CIDADE

Dois aspectos que devem ser analisados. 1) Os números brutos (aspectos objetivos) e 2) O comportamento da população (aspectos subjetivos).

Números brutos – Qual o tamanho da população? Quantos shoppings a cidade possui? Quantas lojas de determinado setor? Alguma classe social está em ascensão? Essas e outras questões devem ser respondidas.

Responder essas questões ajudará você a **saber se a sua cidade tem capacidade de absorver o seu serviço ou produto**. Por exemplo, se você tem a intenção de abrir uma grande oficina em uma cidade pequena que já possui várias outras, ou você terá que monopolizar o serviço na cidade inteira ou irá quebrar. Para te ajudar, visite o site do IBGE e procure informações sobre a sua cidade.

O comportamento da população – Esse é um ponto que depende muito da sua capacidade de observação. Observe, o que seu grupo de amigos e conhecidos fazem ao final de semana? Eles vão ao shopping? Frequentam ONGs ou algum clube de tradição? Costumam ouvir qual tipo de música? Gostam de ir a shows? Bares? Restaurantes? Com que frequência?

A sua cidade é grande, mas com uma população que não valoriza consultorias? Por exemplo, você sabia que cidades que não são capitais ou que são de tamanho pequeno/médio não têm o costume e acham um absurdo e um exagero pagar por consultoria?

Portanto, se você for abrir alguma franquia que presta consultoria em uma cidade de porte pequeno/médio, você terá que romper com esse pensamento e mostrar quais são as vantagens de contratar uma consultoria.

Aqui vai aquela velha dica: pergunte às pessoas!

PESQUISA DE MERCADO

Pesquisa de mercado é outra etapa muito importante no processo de abertura de uma franquia. Saiba e conheça as necessidades do seu mercado; afinal, ele irá comprar aquilo que estiver necessitando. Porém, nem sempre ele sabe que está precisando de alguma coisa. Você terá que ter de muito tato para perceber isso.

Em alguns mercados é necessário que você mostre ao consumidor aquilo de que ele está precisando. Muitas vezes o consumidor está precisando de algo, mas não sabe como exteriorizar isso. Ou seja, essa situação cria uma demanda represada.

Peguemos o exemplo da Uber. Por que a Uber cresceu tanto em tão pouco tempo? Seria apenas pelo valor das corridas? Não. O fator decisivo para o crescimento exponencial da Uber foi a demanda represada que ela tinha.

A população já não gostava do serviço de táxi, mas não possuía outra alternativa. Quando essa alternativa apareceu, a migração de um serviço para o outro foi extremamente rápida.

Quer outro exemplo? É o caso da rede de franquias Cacau Show. Antigamente, existiam somente chocolates ou muito caros ou muito baratos. Ou você comprava um Kopenhagen ou um chocolate Nestlé.

Nesse sentido, se você quisesse presentear alguém com um chocolate, ou você teria que gastar muito ou dar um chocolate muito barato, o que poderia causar uma má impressão.

Quando a Cacau Show apareceu, ela justamente preencheu esse vazio do mercado. Ela possibilitou que as pessoas comprassem um chocolate de presente, a um preço acessível, e de quebra levasse uma embalagem bonita para presente.

Algumas necessidades represadas podem se traduzir como simples comentários do dia-a-dia. Comentários do tipo "vamos ao mesmo restaurante de novo?" ou "essa cidade não tem nenhuma novidade" podem revelar um potencial latente do seu setor.

Em outras situações, você terá que criar a necessidade no consumidor. Um bom marketing gera a necessidade na pessoa de, no mínimo, conhecer o seu estabelecimento.

O franqueador irá te ajudar nesses pontos; ele conseguirá ver se o mercado tem potencial latente ou se é possível gerar essa necessidade nas pessoas, ou seja, se ao menos é possível atraí-las para experimentarem.

Se você quiser, também poderá contratar uma empresa que faça essa pesquisa de mercado, mas isso sairá mais caro.

Muito bem, todo mundo sabe que você deve abrir um negócio que o mercado está necessitando, mas como saber disso? Se você é de uma cidade muito grande, isso se torna muito difícil nos bairros já desenvolvidos; afinal, lá provavelmente já "tem de tudo", ou seja, você teria que criar ou trazer algo novo.

Sempre existem, porém, aqueles bairros "abandonados", mas que também possuem pessoas – e mais, pessoas que compram. Esses bairros podem ser uma ótima porta de entrada para você começar o seu negócio.

Também existem aqueles bairros predominantemente residenciais, mas que admitem um pequeno negócio, como um restaurante. Muitas pessoas, às vezes, preferem ir a lugares mais próximos da sua residência do que ter que atravessar a cidade.

Por vezes é simplesmente preferível ir a uma pizzaria que está a duas quadras do que a um restaurante, ainda que muito conceituado, no outro lado da cidade. Não se esqueça: as pessoas se cansam – fisicamente mesmo – e quando isso acontece, elas preferem ir a lugares mais próximos, mesmo que de carro, do que a lugares muito distantes.

Em cidades menores já é mais fácil encontrar algum produto ou serviço que irá virar tendência. Para encontrar essa tendência, basta visitar uma cidade de porte maior que sua e analisar o que tem de novo por lá.

O normal é as maiores cidades inovarem e somente depois essa novidade chegar às cidades menores. Mas cuidado! Se você mora em uma cidade de 400 mil habitantes, não vá querer viajar para São Paulo, cidade com 11 milhões de habitante, e trazer algo de lá. Pode ser que o seu público não esteja preparado para esse novo produto ou serviço, ou, simplesmente, não tenha e nem terá a necessidade dele.

Faça isso de forma gradual: por exemplo, em vez de São Paulo, visite uma cidade de 800 mil ou 1 milhão de habitantes e veja o que está fazendo sucesso por lá.

Claro, nem tudo o que está fazendo sucesso nessa outra cidade certamente fará na sua, portanto, **realize a sua pesquisa de campo** e converse com o franqueador.

NÃO TENHA MEDO DE MERCADOS CONCORRIDOS, O DINHEIRO ESTÁ LÁ!

É aqui que muitos futuros franqueados erram: eles propositadamente fogem de mercados concorridos. Tal pensamento não poderia estar mais errado.

Pense comigo – se existem muitas pessoas querendo vender a mesma coisa, é porque tem muitas pessoas querendo comprar a mesma coisa. Senão, ninguém iria querer vender, certo?

Mas como disputar com empresas já consolidadas no mercado e que vendem determinado produto há anos? É nesse momento que uma das qualidades das franquias fica mais evidente. Você também terá uma marca forte.

Entrando no mercado com uma marca conhecida, você automaticamente terá chance de brigar pelos consumidores. Você entrará no ringue com chances de vitória. É como começar uma corrida na metade do percurso.

Por exemplo, imagine uma praça de alimentação que só vende lanche. Existem cerca de 50 lanchonetes já consolidadas; você acha que se o Mc Donald's abrir uma loja ele terá alguma chance? Ora, é claro! Todo mundo o conhece, ele por si só já abre espaço e agrega clientes.

Portanto, se você vai abrir uma franquia, não tenha medo de mercados concorridos. Você entrará onde o dinheiro está e automaticamente já terá o seu espaço ao sol.

Claro, falando dessa forma pode parecer muito fácil. Entretanto, pode ser que outras grandes marcas já estejam no mercado ou que o mercado não suporte mais uma loja no mesmo setor.

O meu intuito com esse capítulo foi mostrar para você que não se deve fugir de mercado concorridos logo de cara, mas, sim, que devem ser considerados como qualquer outro.

COMO ESCOLHER UM BOM PONTO COMERCIAL?

Provavelmente você conhecerá a sua cidade melhor do que o franqueador; portanto, você terá grande papel nessa etapa. Você irá indicar alguns pontos comerciais para o franqueador, pontos que você considera como bons e que atendam às suas expectativas.

Porém, fique ciente de que é o franqueador quem melhor conhece os seus futuros consumidores, bem como as características necessárias para um ponto ser considerado bom para o negócio a ser implementado. Por isso, é ele quem irá dar a última palavra sobre o ponto comercial.

Não tem como dizer qual é o melhor ponto comercial, depende muito do seu tipo de negócio. Porém, via de regra, é onde seus concorrentes estão. Afinal, é lá onde as pessoas estão acostumadas a procurar por determinado produto ou serviço.

Exemplo: se for um quiosque de doces em um shopping, seria interessante instalá-lo em algum acesso à praça de alimentação, de preferência perto também do playground, onde crianças irão passar.

Na minha cidade existe uma avenida onde simplesmente TODAS as marcas de colchão estão presentes. Tal situação facilita, e muito, a vida do consumidor. Ele não precisará se deslocar pela cidade inteira para pesquisar e comprar um novo colchão, basta ele percorrer quatro quadras.

Você poderá estar se perguntando: será que não seria melhor abrir onde não tem concorrência? Depende. Esse pensamento pode dar muito certo, mas também pode dar muito errado.

Se for uma pizzaria perto de uma área residencial pode ser que dê certo. Entretanto, em outros mercados, pode ser que o seu cliente se esqueça de você ou simplesmente fique com preguiça de ir até o seu negócio (acontece muito!).

Por fim, vou apresentar algumas dicas práticas.

Conheça bem seus consumidores – Ponto essencial. Você deve conhecer os hábitos de consumo dos seus futuros clientes e qual a relação deles com o produto que você irá vender.

O seu produto é direcionado para qual classe social? O cliente irá até você de carro? Ele exige estacionamento? O seu negócio será de rua? Necessitará chamar atenção?

Essas são apenas algumas questões a serem respondidas.

Observe os concorrentes – Como já foi dito no capítulo anterior, não descarte pontos comerciais somente porque os seus concorrentes estão próximos.

Inclusive, se utilize do know-how deles. Ora, você acha que um Mc Donald's, um Subway, um Boticário ou uma Cacau Show iria escolher um ponto comercial ruim?

Converse com a vizinhança – Novamente aquela velha dica: pergunte ao consumidor o que ele quer. **Não caia na armadilha de achar que sabe o que ele deseja.** É sério, isso é muito importante.

No mais, pergunte como é o bairro, como está a segurança, se aquele ponto atrai muitas pessoas, se vários negócios já fecharam lá e por qual motivo.

Segurança – Simples, seus consumidores querem segurança e tranquilidade enquanto estão desfrutando do seu serviço. Ninguém vai aproveitar e gastar se estiver preocupado com o carro.

Estrutura e expansão – O ponto comercial possui tudo o que é necessário para implantar o projeto arquitetônico do franqueador?

O local permite expansão? Você sempre perderá clientes ao trocar seu negócio de lugar, inevitavelmente.

O local possui espaço adequado? Cuidado com espaços grandes ou pequenos demais para o seu negócio, até mesmo para não pagar aluguel em excesso.

A região está em ascensão ou diminuição populacional? Na minha cidade, por exemplo, um bairro de alto padrão foi construído do zero em dez anos. Esteja atento a essas tendências populacionais.

Leis, Leis e mais Leis – Por favor! Não assine um contrato de aluguel sem antes verificar se o plano diretor da sua cidade aceita aquele tipo de negócio na região escolhida.

Também não se esqueça dos alvarás, taxas e licenças, ok?

Tente prever o futuro – Existe algum plano ou projeto de lei que mudará o zoneamento da sua cidade? Alguma obra da prefeitura que está planejada?

Preveja os valores – Coloque tudo na ponta do lápis. Não considere apenas o valor do aluguel, mas outras questões. A região possui quantas fornecedoras de internet? Quanto elas cobram? O sinal de quantas operadoras de telefonia chega até lá? Quanto custa os planos que elas oferecem?

Pense no longo prazo. O valor do aluguel viabiliza o seu negócio com o passar do tempo?

Por fim, tenha sempre uma reserva financeira para emergências.

Cuidado com os custos ocultos – Imóveis podem possui problemas ocultos. Pode ser na estrutura, no encanamento, na parte elétrica, etc. Faça uma ótima vistoria e não tenha medo de apontar TUDO que você acha que está fora do lugar.

Cuidado também com as dívidas do imóvel. Verifique a sua situação junto à prefeitura e ao condomínio, se for o caso.

QUANTO VOCÊ ESTÁ DISPOSTO A INVESTIR?

Aqui é onde muitos empresários se endividam, não conseguem pagar o financiamento e quebram.

Antes de entrarmos nos valores em si, eu tenho que fazer o maior de todos os alertas: **imprevistos podem acontecer, e geralmente acontecem**. Poderá ser um marketing mais caro do que inicialmente orçado, a decisão de escolher móveis melhores, alguma coisa que não sai como planejado e tem que ser refeita, etc. Enfim, as possibilidades de você gastar mais do que o planejado são infinitas.

Se você é um empresário individual e não tem muito controle, as chances de acontecerem imprevistos aumentam substancialmente. Já nas franquias essas chances diminuem.

O orçamento inicial que o franqueador exige é de fato o que vai ser usado. Ele inclui a taxa de franquia, a montagem do estabelecimento, o treinamento dos funcionários e alguns meses (normalmente de três a seis) para se manter mesmo sem lucro.

Esses 6 meses servem de teste. Se nesse tempo a franquia não decolar, é o caso de começar a pensar se não seria melhor fechar ou vendê-la.

Muito empresários começam a tirar dinheiro que não estava previsto e colocam, inclusive, sua família em uma situação complicada. Uma empresa pode acabar virando um vício, portanto, o empresário deverá sempre estar sendo cauteloso.

Portanto, estabeleça um valor fixo para abrir o negócio e mantê-lo funcionando por pelo menos 6 meses sem qualquer lucro.

Alguns empresários ficam receosos em fechar a sua empresa, eles permanecem pensando: "mês que vai ser melhor" ou "mês que vem vou investir pesado em marketing".

Isso é totalmente compreensível; entretanto, deve-se sempre ter em mente que os acontecimentos nem sempre se dão como as pessoas querem.

Portanto, a dica é a seguinte: tenha um capital para pagar todas as despesas iniciais e seis meses de funcionamento sem lucro. Tudo isso acrescido de 10%.

Exemplo: Se uma rede de franquias exige um investimento inicial de R$100.000,00 e um custo mensal de R$25.000,00, o valor que o franqueado deverá ter reservado será de R$275.000,00.

Se você não tiver esse dinheiro, comece a pensar se não seria melhor uma franquia mais barata.

Por fim, tenha cuidado com o pensamento de que a franquia irá vender o suficiente para cobrir os seis meses iniciais – nem sempre isso vai acontecer.

PESQUISE! PESQUISE! PESQUISE!

Caro leitor, eu já disse nesse e-book e agora repito. Pesquise! Pesquise! Pesquise! Esse é melhor conselho que posso te dar. O Brasil possui cerca de 3 mil franqueadores; certamente algum deles se encaixará perfeitamente no que você quer.

Alguns sites oferecem assessorias "gratuitas". Na verdade, o que eles pretendem é reunir um grupo de franqueadores, conectá-los com os possíveis franqueados e ganhar uma comissão com as vendas das franquias.

Esses sites nem sempre serão o melhor para você. Primeiro, eles irão oferecer somente as franquias que estão nos seus catálogos. Segundo, eles focam na venda da franquia, não necessariamente na viabilidade dela para a sua realidade.

Portanto, faça pesquisas por conta própria, informe-se sobre o histórico do franqueador, converse com quem já é franqueado e não poupe esforços. Isso evitará muita dor de cabeça no futuro.

Dica: negocie diretamente com o franqueador. Negociar com empresas que intermediam o contato significa pagar comissões a elas.

Caso opte pelas consultorias, saiba que elas podem vir a ser úteis, mas de forma alguma são definitivas. Entre em contato e aprenda com eles, mas não se restrinja.

Pesquise por conta própria em sites e revistas especializadas. Procure franquias que já tenham sido reconhecidas no mercado ou que já tenham ganhado algum prêmio.

Mais adiante vamos retomar esse assunto.

CAPÍTULO 6 – INFORMAÇÕES BÁSICAS QUE VOCÊ DEVE SABER ANTES DE FECHAR QUALQUER CONTRATO

Capital Necessário - Saiba de antemão de quanto dinheiro você precisará para abrir e colocar a sua unidade para funcionar.

O capital necessário consiste em Taxa de Franquia + Custo de Montagem + Custo de Treinamento + Consultoria.

Custo Médio de Montagem - Dinheiro investido para tornar o local reformado e com a cara da franquia. Consiste em Arquiteto + Reforma do local + Maquinário + Móveis. Costuma ser a parte mais cara.

Capital de Giro - Dinheiro disponível para realizar compras, pagar funcionários e eventuais contratempos. Geralmente é o suficiente para manter a unidade franqueada de 3 a 6 meses sem nenhum lucro.

Estoque Inicial - Para começar a vender você precisará de um estoque inicial dos seus produtos. Ou seja, antes de fazer qualquer venda você terá que comprar do franqueador ou do fornecedor autorizado os produtos que serão vendidos. Isso não costuma sair barato.

Taxa de Publicidade - Valor pago ao franqueador periodicamente (costuma ser a cada mês) para que ele faça marketing e propaganda da marca que ambos utilizam. Geralmente é uma porcentagem baixa (até 5%) sobre o lucro bruto ou um valor fixo.

Taxa de Franquia - Valor que vai para o franqueador em troca de todo o know-how que ele passará ao franqueado. Também pode ser usado para pagar eventuais gastos como, por exemplo, um consultor que visita o franqueado.

Royalties - Valor que o franqueado paga periodicamente (costuma ser a cada mês) ao franqueador em troca da utilização de todo o sistema desenvolvido por ele, como software, produtos, serviços, know-how, etc.

Número de Unidades - Quantas unidades o franqueador possui? Quantas unidades franqueadas existem? Essas informações são facilmente obtidas, basta perguntar ao franqueador.

Cuidado: existem franqueadores que não possuem nenhuma unidade própria. Como isso é possível? Será que nem eles acreditam no próprio trabalho? Como eles poderão te ajudar se não possuem a vivência diária do negócio?

Dica: fuja de franqueadores que não tenham nenhuma unidade própria.

Número de Funcionários - De quantos funcionários o estabelecimento precisará? Pense que isso irá influenciar de forma definitiva a longo prazo.

É possível reduzir o número de funcionários caso as vendas caiam? O modelo e a estrutura da unidade permitem o aumento de funcionários?

Quanto custará para você manter os funcionários durante o mês? Qual a média de salários que costuma receber os funcionários que preencherem as exigências para a vaga? Serão necessários funcionários com nível superior?

Todas essas questões precisarão estar respondidas antes de você fechar qualquer negócio.

Por fim, é importante saber o número de funcionários para que você já tenha ciência de quantas pessoas liderará.

Diferencial - O que a franquia que você procura tem de diferencial? Por que as pessoas iriam ao seu estabelecimento e não ao do lado? Tenha bem claro quais são esses diferenciais e trabalhe em cima deles.

Por exemplo, o Mc Donald's faz um lanche rápido. O Subway tem o conceito de ser saudável. O Habib's é barato... Qual é o diferencial da rede de franquias que você está querendo participar? **Esse diferencial está de acordo com o público alvo?**

Área em Metros Quadrados - Simples, qual o tamanho necessário para comportar a franquia. Não esqueça: quanto maior o local, mais caro será o aluguel.

Previsão de Retorno - Geralmente as franquias dizem que a previsão de retorno é em 12 a 36 meses. Entretanto, isso é em média. Pesquise bastante, fale com os outros franqueados e pergunte a eles quanto tempo eles demoraram para recuperar o capital investido.

Faturamento Médio Mensal e Margem de Lucro Líquido do Franqueado - Muito importante saber qual é o faturamento médio mensal e qual é o lucro líquido. Em média, o lucro é de 10% a 15%. Se franqueador oferecer mais do que isso, pergunte o porquê.

Isso também servirá de termômetro para a avaliação da viabilidade da franquia nos primeiros 6 meses.

Duração do contrato e as regras para renovação - Em média os contratos de franquias têm a duração de 5 anos, sendo necessária a renovação após esse período.

Nesse tempo é necessário que o franqueado recupere o investimento e tenha um bom lucro.

Atenção: existem franqueadores que na renovação cobram todas as taxas de abertura novamente. Outros dão descontos e outros, ainda, não cobram nada. Saiba qual é a política de renovação da rede de franquia pretendida.

Suporte Oferecido pela Rede - É importante que o franqueado saiba exatamente o que será repassado a ele. Quais manuais serão entregues, como o franqueador irá fazer o monitoramento de suas metas e resultados e como ele pretende auxiliar o franqueado em seus problemas operacionais diários.

Tempo de Treinamento do Franqueado - Para quem nunca teve experiência com franquias, o tempo recomendado é de pelo menos 30 dias. Com menos do que isso, o franqueado poderá não aprender com maestria todos os processos de operação e de gestão necessários.

Características do Ponto Comercial Ideal - É necessário saber quais são as características essenciais para a localização do ponto comercial e se há algum lugar da cidade com todas as características que o franqueador exige.

Também é importante saber como será feita a marcação de território daquela franquia, ou seja, se será permitia a abertura de outra unidade na mesma região.

Há Quanto Tempo o Franqueador Está no Mercado e Há Quanto Tempo Ele Vende Franquias - O sistema de franquias se baseia na transmissão de conhecimento do franqueador para o franqueado. Logo, se o franqueador tem pouco tempo de mercado, o que ele irá passar para o franqueado?

Tempo de funcionamento é essencial para um franqueador. Significa que ele sabe o que está fazendo, que está no caminho certo e que sabe lidar com crises.

Ao escolher um franqueador, escolha um que tenha pelo menos 5 anos de funcionamento e pelo menos 2 de vendas de franquias. Assim, você terá a certeza de que escolherá uma rede que possui um grande conhecimento e que já testou e aprimorou sua forma de repassar esse conhecimento aos franqueados.

Contabilidade - Pesquise de antemão quanto um contador irá cobrar para realizar a contabilidade da sua franquia.

Informações variáveis como o porte da franquia e a quantidade de funcionários acabam por influenciar o valor a ser pago. Leve essas informações ao contador para que ele possa aferir, com um maior grau de certeza, o quanto ele irá te cobrar.

CAPÍTULO 7 - PASSO A PASSO PARA ABRIR A SUA FRANQUIA

Este passo a passo irá partir da premissa de que você já leu todo o e-book. Portanto, alguns assuntos que irei abordar ou termos que irei utilizar já foram explicados nos capítulos anteriores. Se você não os leu, sugiro que leia.

Também é importante salientar que o processo de seleção do franqueado varia de rede de franquia para rede de franquia. Neste passo a passo irei passar o modo mais completo possível, porém, você poderá encontrar variações no mercado.

AUTOANÁLISE

A autoanálise é – ou deveria ser – a base para tudo que você for fazer na sua vida, não importa o quê.

Caso você faça algo de que não goste ou no qual não vê sentido, inevitavelmente acabará por se autossabotar, mesmo que inconscientemente. Se você não gosta de ser empresário, dificilmente terá sucesso sendo um; se você não se identifica com o seu negócio, o mesmo irá acabar acontecendo.

Existem pessoas que preferem ser empregadas ou autônomas, não há problema nisso, afinal, é preciso que as pessoas se conheçam e façam o que gostem.

Entretanto, se você escolher ser empresário, te deixo uma frase: **"ter um negócio com o qual você não se identifica é pior do que trabalhar em um emprego de que você não gosta."**

Todo franqueado é antes um empresário. Portanto, você deve ter o perfil de empresário e, além disso, escolher montar um negócio com que você se identificará.

Para te ajudar, listei algumas perguntas que você deverá responder com toda a sinceridade:

- Você se sente confortável correndo riscos? Ou a simples ideia de falhar te amedronta?
- Você é capaz de tomar decisões? E ainda decisões rápidas mesmo não tendo todas as informações no momento?
- Está aberto e gosta de aprender coisas novas?
- É capaz de assumir os próprios erros e, principalmente, aprender com eles? Ou você sempre coloca a culpa em alguém?
- Possui empatia, isto é, consegue se colocar no lugar de outra pessoa? Gosta de lidar com outras pessoas?
- Você se sente confortável liderando uma equipe?
- Consegue ouvir críticas e sugestões?
- Está disposto a se sacrificar e a sacrificar interesses e benefícios próprios em prol do grupo? E seu tempo em finais de semana? Ou mesmo no meio da semana?
- Quais são seus pontos fortes e seus pontos fracos?
- Esse tópico foi melhor discutido nos capítulos 1, 2 e 3, caso deseje relê-los.

ESCOLHENDO A FRANQUIA

Para facilitar a sua vida, vou te dar uma fórmula pronta para escolher a sua franquia:

Identificação + Mercado + Capacidade Financeira = Franquia Escolhida.

Pronto. Essa é a fórmula necessária. Você deverá se identificar com o negócio, o mercado deverá ser bom e você terá que ter o dinheiro necessário para abrir a franquia.

Dito isso, vamos analisar mais profundamente cada ponto dessa fórmula.

Hoje existem mais de 3.000 redes de franquias no Brasil. Assim, seria loucura querer procurar e analisar uma a uma. É necessário afunilar essa busca.

Portanto, você deverá ter algumas diretrizes em mente. A primeira é o ramo de atuação. Em qual setor você irá querer atuar? Para isso, você pode pesquisar da seguinte forma, depois de já ter lido o capítulo 5.

- Comprar guias de oportunidades em bancas e livrarias.
- Visitar feiras de franquias.
- Pesquisar em sites especializados, ou no próprio site do franqueador.
- Acessar o site da Associação Brasileira de Franchising: http://www.portaldofranchising.com.br/
- Consultar os principais veículos de informações como TV, Rádio, Jornal e Revistas.
- Consultar o Sebrae.
- Ler revistas especializadas.
- Verificar os ganhadores dos últimos prêmios direcionados às franquias como os que são dados pela ABF Franchising, Revista Pequenas Empresas Grandes Negócios e Alshop (Associação Brasileira de Lojistas de Shopping), entre outros.

Provavelmente você irá se identificar com mais de um ramo. Escolha no máximo três, devendo ter em mente que você irá trabalhar o resto da sua vida nesse negócio – pelo menos essa tem que ser a intenção.

Se ainda estiver em dúvida entre mais de três ramos, imagine-se trabalhando em determinado setor nos próximos 10 ou 15 anos. Faça-se também a seguinte pergunta: **se eu fosse abrir uma empresa, de qual o ramo que ela seria?**

Provavelmente você conseguirá diminuir para três.

Para te ajudar, os principais ramos estão listados no Capítulo 5.

Certo, agora que você já escolheu três setores de atuação. Assim, vamos ao segundo funil: o mercado.

Para te ajudar, responda as seguintes perguntas:

A) Na região ou local em que você irá abrir a sua franquia, existe demanda/procura pelo produto que você irá oferecer ou para o serviço que você irá prestar?

B) Essa procura é contínua ao longo do ano ou somente em determinado período? Se for sazonal, o período de alta é capaz de render o suficiente para pelo menos manter a franquia funcionando nos meses de baixa?

C) Quais são as perspectivas no curto, médio e longo prazo? **Cuidado com franquias de modismo**: elas costumam chegar com tudo, explodem crescendo 200% em um ano, porém, possuem uma taxa de mortalidade altíssima nos anos seguintes.

As pessoas precisarão do seu produto várias vezes ao ano ou compram somente uma vez na vida? Observe uma loja de esportes. Nenhuma delas vende somente uma coisa, por exemplo, uma raquete de tênis.

Afinal, todos sabem que se você não for um atleta profissional que pode se dar ao luxo de quebrar a sua raquete ao final de cada partida, a sua deverá durar anos a fio.

Portanto, preste atenção a isso. Se o seu negócio for vender algo que durará muitos anos, garanta que você terá uma margem de lucro muito alta ou que terá alternativas de lucro.

Uma boa alternativa é **realizar a manutenção dos seus próprios produtos**. Afinal, concessionárias de carros fazem isso. A pessoa que compra um carro provavelmente só virá a comprar outro depois de um ano ou mais, mas precisará, em média, levar seu carro à oficina ao menos duas vezes no mesmo ano. Uma para fazer a troca de óleo e outra para realizar algum reparo.

Essa situação aumenta em muito o lucro da concessionária, podendo se tornar, inclusive, a maior fonte de renda do negócio.

O produto que você irá vender poderá ser reparado na sua própria loja ou terá que ser enviado à assistência técnica na matriz, fazendo com que o lucro da manutenção fique com ela? Ser autorizado a fazer a manutenção do próprio produto pode ajudar drasticamente a aumentar seu lucro.

D) Qual setor econômico tem maior possibilidade de sucesso na sua cidade ou região? Pesquise e se atenha aos números! Não siga somente a sua intuição.

Pergunte às pessoas qual a visão delas sobre determinada marca e, se já a utilizou, o que achou.

Feito isso, você deverá estar entre um ou, no máximo, dois ramos.

O próximo passo é pesquisar as franquias em todos os meios que eu já mencionei. Escolha até cinco franquias em cada ramo, as cinco que te chamam mais atenção.

Depois, e só depois, veja o capital necessário para investimento. Apesar de já ter dito para tomar cuidado com financiamentos, eles são sempre uma opção. Além disso, você poderá convidar alguém para ser seu sócio.

Às vezes vale mais a pena abrir uma boa franquia com alguém do que uma franquia ruim, sozinho. É melhor ter 50% do lucro do que 100% do prejuízo.

Entretanto, se a franquia estiver muito além das suas possibilidades financeiras, procure outra para substituí-la.

Para encontrar o valor necessário basta entrar no site do franqueador. Geralmente eles disponibilizam o valor ostensivamente com a intenção de filtrar e diminuir a quantidade de candidatos a franqueados.

ENTRANDO EM CONTATO COM O FRANQUEADOR

Essa parte é simples. Escolhidas as cinco ou dez franquias dos setores elegidos, você deverá entrar no site do franqueador, ou telefonar, e preencher um cadastro de interesse básico.

Pode haver algumas diferenças entre cadastros, enquanto alguns pedem somente os seus dados básicos como nome, endereço, telefones, formação, atividade atual e região de interesse, outros podem pedir informações mais detalhadas. A seguir disponibilizo as informações que podem vir a ser pedidas.

Informações Pessoais:

- Nome Completo
- País
- CEP
- Estado Civil
- Data de Nascimento
- Telefone
- Celular
- E-mail

Informações Profissionais:

- Atual ou última ocupação
- Empresa
- Cargo
- Foi proprietário de alguma franquia?
- Possui experiência em comércio?
- Escolaridade
- Ano de Conclusão

Informações Societárias:

- Haverá formação societária?
- Informe o nome de uma Referência Pessoal
- E-mail da Referência Pessoal
- Telefone da Referência Pessoal

Informações Operacionais:

- País de interesse para manter o negócio
- Quando deseja iniciar a atividade?
- Já possui espaço para instalação?
- A franquia será sua única fonte de renda?
- Possui casa própria?
- Possui carro?
- Possui outros bens?
- Como conheceu a franquia em questão?
- Atual renda potencial do Franqueado
- Qual a sua disponibilidade de investimento no negócio?
- Você necessita ou pretende fazer um financiamento?
- Por que se interessou por essa franquia?

Após enviar seu cadastro, o franqueador irá entrar em contato com você.

ATENÇÃO: Não se esqueça que tudo o que você disser será avaliado e verificado, ou seja, não minta e nem omita informações nos cadastros.

Para chegar até aqui você foi o avaliador, porém, a partir de agora, você também será o avaliado.

FASE DE NEGOCIAÇÃO

Aqui as coisas começam a ficar interessantes! É aqui que você realmente começará a sentir que seu sonho está ganhando forma. Portanto, sem demoras, vamos adiante!

Resposta do franqueador e apresentação da marca

Após demonstrar interesse (mandar um cadastro), o gerente ou representante da área de expansão do franqueador irá entrar em contato com você por e-mail e/ou por telefone.

Se for por telefone, anote tudo ao máximo e, independentemente do que vocês tiverem conversado, peça que ele entre em contato por e-mail. Ao entrar em contato, ele deverá passar todos os dados básicos da franquia, bem como uma apresentação em Power Point ou PDF com as informações necessárias.

Para te preparar para o que você encontrará, eu irei copiar um e-mail que recebi logo após demonstrar interesse por uma franquia. Observe que é um e-mail bem completo, sendo que em anexo ainda veio a apresentação da marca.

A apresentação é protegida por lei e, portanto, não posso disponibilizá-la; criarei, porém, um modelo baseado em várias apresentações que vi ao longo dos anos e que certamente te ajudará.

Exemplos de e-mails:

Boa tarde Fulano,

Meu nome é (Nome do Gerente), e represento o departamento de expansão da (Franquia) - me coloco à sua disposição para que conheça todo o processo de interação com a nossa marca, produtos e investimento.

Tentei contato por telefone, porém, não obtive sucesso! <u>(Eu estava com o celular desligado! Hahaha...)</u>

Já anexada ao e-mail, envio uma apresentação completa e bem detalhada a nosso respeito. Dentro desta apresentação, você tem acesso a toda estimativa de custos, fotos dos produtos e das nossas unidades, entre outras informações pertinentes a abertura de uma unidade Franqueada.

Os produtos são exclusivos e patenteados e, somente os nossos franqueados podem divulgar e comercializar nossa marca.

Investir em uma franquia (Nome da Franquia) é certeza de bons negócios.

- Negócio único e exclusivo;

- Simples de ser administrado;

- Baixo investimento inicial;

- Poucos funcionários;

- Treinamento simples;

- Rapidez na implantação;

- Retorno em curto prazo;

- Fácil controle de estoque;

- Produto testado e aprovado no Brasil e no exterior;

- Total acompanhamento na inauguração;

- Assessoria permanente ao franqueado.

Seguem números complementares a apresentação anexa ao e-mail:

- Markup 2.7 (Por exemplo: Compra por R$ 100, vende a R$ 270);

- Rentabilidade de 15% a 20% do faturamento bruto;

- Retorno em 24 meses.

- Royalties de 10%, somente na compra de produtos.

Nós da (Nome da Franquia) também procuramos e negociamos o melhor ponto para abertura da sua unidade, no local de sua escolha.

Temos grandes oportunidades nos shoppings centers de todo o Brasil, principalmente, porque nossa marca foi reconhecida e aprovada pelo exigente público feminino das classes A e B.

Estamos todos os meses com anúncio de página inteira, nas revistas (Dois nomes de Revistas com grande circulação).

Vamos procurar por uma oportunidade? (Sua cidade) oferece uma oportunidade extremamente interessante para a nossa marca e produtos.

Recentemente, na Feira de Franquias da ABF, diversos candidatos vieram com interesse na região. Peço que analise nossa apresentação e, se tudo estiver dentro da sua expectativa, peço que me informe o quanto antes, para dar andamento no processo para se tornar um franqueado (nome da franquia), na região.

Agora você é meu candidato. Só preciso saber sobre o seu interesse para dar continuidade ou encerrar o contato, ok?

Dependo da sua resposta para alimentar meu sistema de gestão. E eu não quero te incomodar...

Confira nossa apresentação, eu sei que você vai gostar muito, Fulano.

Tudo de bom!

Att.

Prezado,

Obrigado pelo interesse em nossa marca.

Para implantação da (nome da franquia), você terá os seguintes custos:

Taxa de Franquia de R$55.000,00 a R$65.000,00

Implantação completa da loja Shopping, mais capital de giro aproximadamente R$330.000,00.

Implantação completa da loja Rua, mais capital de giro aproximadamente R$450.000,00.

Fomos e somos campeões pela ABF por vários anos e também pela Pequenas empresas & Grandes negócios como melhor franquia do Brasil.

O retorno do investimento é de 18 a 24 meses, faturamento da rede está entre R$100.000,00 a R$300.000,00 mensais com 12% a 20 % de retorno líquido.

Trabalhamos com parceria no banco do Brasil para empréstimos junto ao Proger para montagem de loja.

Nossos royalties são de 5% do faturamento no primeiro ano e 6% nos demais anos, taxa de marketing e propaganda de R$500,00 fixo ao mês.

Consultores próprios, onde os mesmos visitam nossas lojas periodicamente para garantia de qualidade, serviço, treinamento e vendas.

Estou-lhe enviando exemplos de vendas, lucro e investimento (nome da franquia) em anexo.

Atenciosamente,

Fulano bom dia,

Hoje somos a segunda rede de farmácia de manipulação do país, 19 farmácias em funcionamento, e mais 7 em implantação.

Acredito "piamente" que a partir de setembro já ocuparemos o primeiro posto!

Mas não queremos parar por aí, queremos muito mais...

Para celebrar essa nova etapa de implantação, contratamos para uso de imagem a celebridade "Nome da celebridade", que estará em todo nosso material publicitário, acrescentando mais desejo pelos clientes, médicos e aumentando a percepção pelo mercado farmacêutico, assim como agregando valores inestimáveis.

Em setembro completaremos 44 anos de existência e tenho certeza que temos muitas experiências a compartilhar com você.

Fizemos também um acordo com o Bradesco, que acho que facilitará muito a vida de todos os atuais franqueados e vocês que estão por vir.

Também disponibilizaram para os franqueados que quiserem abrir uma segunda unidade 2 linhas de crédito: uma que pode ser dividida em até 72x e com carência.

Esse detalhe é só a ponta do iceberg de condições que nos deram, e obviamente que estas condições valem pela adesão de todos os franqueados.

A (Franquia) busca parceiros que possuam os mesmos valores - simplicidade e resultado efetivo.

Acreditamos no relacionamento entre franqueados, franqueadora, parceiros, fornecedores, colaboradores e clientes.

A (nome da franquia) é reconhecida no mercado farmacêutico por apresentar uma forma diferenciada de manipulação: embalamos todos os medicamentos em blisters, cartela que isola cada cápsula individualmente. A prática é quase que única no Brasil, e garante mais higiene e menos desperdício para os clientes

Em anexo, segue apresentação de nossa franquia e uma ficha de cadastro. Assim que completar esse cadastro, que é confidencial e de uso interno, encaminharei para você a circular de oferta e alguns outros documentos confidenciais.

Vendemos o bem-estar ao próximo e praticamos bem-estar.

- Paixão a serviço de um ótimo atendimento;

- Oferecer aos nossos clientes a melhor qualidade em manipulação de fórmulas magistrais e perfumaria;

- Buscar o crescimento e a realização dos nossos colaboradores, através do exercício de suas responsabilidades;

- Aumentar, de forma duradoura, o valor da (franquia), maximizando a rentabilidade das nossas atividades e dos nossos investimentos;

Nossa Missão: Ser a maior rede de farmácias de manipulação do Brasil, presente em todo o território nacional.

Nossa Visão: Excelência no mercado de franquias no ramo de farmácia de manipulação e a referência para os nossos franqueados.

Nossos Valores: A satisfação total dos nossos clientes; o respeito ao ser humano e ética farmacêutica.

Esses são os pilares da (franquia)
Boa semana!

Após receber esses e-mails eu deveria reiterar o meu interesse e passar alguns dados em uma ficha cadastral. Não se assuste, essa ficha pode ser bem extensa; isso é uma forma que o franqueador tem de diminuir os próprios riscos.

Afinal, o franqueado estará levando a marca dele. Inclusive, tome cuidado com franquias que possuem um processo seletivo muito brando: provavelmente elas estão interessadas somente em receber as taxas iniciais.

A apresentação que o(s) gerente(s) mencionou(aram) contava com praticamente todas as informações necessárias para o candidato a franqueado se interessar ou não pela franquia em questão. A apresentação continha:

- O histórico da marca.
- Em quais estados e regiões a marca atua e qual o seu projeto de expansão.
- Projeções do mercado que a franquia atua.
- Objetivos, metas e propostas da marca.
- Como será passado o know-how (através de treinamento, manuais, etc.).
- Os diferenciais da marca.
- Projetos sociais e ambientais de que a marca participa ou gere.
- As parcerias.
- Os prêmios conquistados.
- Cardápio (caso a franquia seja no ramo de alimentação).
- Modelos de loja, caso ela tenha por exemplo um modelo Básico, um Premium ou, ainda, um modelo para rua e outro para shoppings.
- Modelos de fachada e de plantas dos estabelecimentos.
- Investimentos necessários.
- Custos discriminados com estimativa, normalmente em uma planilha do Excel.
- Pontos disponíveis.
- Etapas da negociação.

FICHA CADASTRAL

Após receber a apresentação da marca, você deverá preencher uma ficha cadastral que será enviada no mesmo e-mail da apresentação. A seguir apresentarei alguns modelos de fichas cadastrais para que você já comece a se familiarizar.

Nome: _______ cônjuge _______

Nacionalidade: _______ cônjuge _______

Data de nascimento: ____/____/____ cônjuge ____/____/____

CPF_______ cônjuge _______

Tel.: _______ Profissão: _______

Estado civil _______ E -mail: _______

Endereço residencial: _______ - Cidade: _______ Estado _______

Escolaridade: _______

Experiência profissional: ANEXAR CURRICULUM VITAE

-Cursos em Franchising ou Alimentação: _______

Informe abaixo:

- Onde você ouviu falar da franquia?

- Já foi franqueado em outro negócio? Se sim, por que cessou a atividade??

- Região de interesse:

-Estará residindo na cidade de interesse para implantação da loja?

-Está preparado para ser empresário e correr riscos?

-Possui facilidade em trabalhar com equipe e se relacionar com pessoas?

-Está disposto a seguir rigorosamente as normas e procedimentos para manter o padrão da rede?

- A franquia será sua única fonte de renda?

-Irá se dedicar exclusivamente à loja?

- Disponibilidade de investimento à vista? Qual valor? (Sem contar empréstimos)

- Tem disponibilidade para treinamento de 1 semana em São Paulo-SP?

- Quem será o operador da loja pretendida?

-Disponibilidade para trabalhar inclusive aos finais de semana e feriados?

■■■

FICHA CADASTRAL

DADOS PESSOAIS

- Nome Completo:
- Endereço residencial:
- Bairro: CEP:
- Cidade: UF:
- Fone residencial (DDD e nº.):
- Celular (DDD e nº.):
- Fone Comercial (DDD e nº.):
- Fax (DDD e nº.):
- CPF: RG:
- E-mail:
- Data de Nascimento:
- Local de Nascimento:
- Estado Civil:
- Nome do (a) cônjuge (se houver):

- Regime de casamento:
- Nome Completo do Pai:
- Nome Completo da Mãe:
- Número de Filhos:
- Primeiro Nome e Idade dos Filhos:

DADOS DO CÔNJUGE (SE HOUVER)

- Nome Completo:
- CPF: RG:
- Data de Nascimento:
- Local de Nascimento:
- Escolaridade:
- Profissão:
- Trabalha atualmente?
- Cargo:
- Empresa onde trabalha:
- Tempo:

FORMAÇÃO

- Escolaridade:
- Pós Graduação:
- MBA:
- Outros Cursos:

CURSOS EXTRA-CURRICULARES

- Idiomas:
- Informática:
- Outros:

HISTÓRICO PROFISSIONAL

- Situação Profissional atual: ( ) empregado ( ) empresário ( ) desempregado ( ) aposentado
- Empresa:
- Cargo / Função:
- Há quanto tempo?
- Ramo de atividade:
- Telefone (DDD e nº.) e pessoa para contato:
- Experiência Profissional (Resumo das habilidades desenvolvidas nos últimos anos):

EXPERIÊNCIA EMPRESARIAL

- Você possui experiência empresarial anterior?
- Atualmente é empresário? Se sim, qual o ramo de atividade?
- Data da Instalação:
- Data de Encerramento:
- Número de Funcionários:
- Faturamento Anual (R$):
- Tem/Tinha sócios? Qual sua participação acionária?
- Caso tenha se desligado/encerrado suas atividades, descrever o motivo:
- Outras informações relevantes:

DADOS ECONÔMICOS E FINANCEIROS

- Bens (imóveis / automóveis / ações / outros)
- Descrição   valor de mercado (R$)
- Saldo devedor (R$)
- Prazo:

FONTES DE REFERÊNCIA

- Comercial:
- Nome:
- Endereço:
- Telefone:

REFERENCIAS BANCÁRIAS

- Nome do Banco 01:Agência 01:
- Nome do Banco 02:Agência 02:
- Cliente desde quando (01 e 02)?

INTENÇÃO DE INVESTIMENTO

- Qual o capital disponível para esse projeto (em R$)?
- Você dispõe de reserva financeira ou outras fontes de renda que lhe permitam ficar sem retirada financeira da franquia por até 3 (três meses)?

FRANQUIA / INTERESSE

- Como soube da Franquia (Nome da Franquia)?
- O que o (a) levou a se interessar especificamente por esta franquia?
- Qual o seu conhecimento nesse segmento de negócio?
- O quanto você se identifica com este tipo de negócio?
- Você está pesquisando ou já pesquisou outros segmentos de negócios? Quais?
- Você tem alguma noção básica do faturamento médio, rentabilidade e retorno de investimento para este tipo de negócio? Se sim, especificar:

- Você terá sócios? Se sim, quantos e qual a função deles na operação?

- Caso não tenha sócios, quem será seu suporte na operação? Terá gerente?

- Você tem o apoio e aprovação de sua família neste seu projeto empresarial?

- Liste alguns itens que você considera ser o ponto fraco desta franquia.

- Liste alguns itens que você considera ser o ponto forte desta franquia.

- Quanto tempo pretende se dedicar ao negócio? ( ) Período Integral ( ) Meio Período ( ) Parcial

REGIÃO DE INTERESSE

- Quais as regiões de sua preferência? Por quê?

- Você já tem ponto comercial?

- Se sim, descrever localização e características:

PERFIL PESSOAL

- Qual a sua disposição de correr riscos?

- Você aceitaria trabalhar dentro de padrões pré-estabelecidos sem criar conflitos?

- Qual a sua experiência em gerenciar pessoas?

- Qual a sua habilidade em lidar com o público?

- Descreva três dos seus pontos fortes (virtudes)

- Descreva três dos seus pontos fracos (defeitos)

- Descreva o que mais lhe preocupa com relação a montar um negócio próprio

- Descreva o que você espera e imagina de um Franqueador

Importante:

- Leia com atenção as respostas e certifique-se de que nada foi omitido;
- Num momento próximo será solicitado cópia do CPF, RG, comprovante de residência, última declaração do IR e Foto 3X4;

Eu, abaixo assinado, pelo presente, certifico que as informações por mim apresentadas são reais e que tenho conhecimento que este documento não implica em nenhum compromisso entre as partes.

Local:

Data:

Assinatura do Candidato

- ***Todas as informações contidas nesse questionário deverão ser preenchidas e serão tratadas de forma absolutamente sigilosa.***
- ***Todos os sócios pretendentes à franquia devem responder a este questionário.***

■■

Prezado Fulano,

É um grande prazer estar com você nesta etapa de seleção de candidatos de sua Franquia de Interesse. Como todo processo de parceria, este é o momento de conhecê-lo com mais profundidade; afinal, estamos buscando pessoas com as quais teremos relações de longo prazo. Portanto, estas informações servirão para o conhecermos melhor e termos um entendimento de sua trajetória e de sua história.

Após o preenchimento desta Ficha, favor enviá-la. Iremos analisá-la e faremos contato em breve (O endereço encontra-se no final do questionário).

Este documento não é um contrato, seu preenchimento não representa qualquer compromisso entre as partes. Fica estabelecido que a Franqueadora na qual tem interesse manterá o mais absoluto sigilo com relação a qualquer dado do candidato a que venhamos a ter acesso durante este processo.

IMPORTANTE

Ao preencher esta proposta, você se coloca na posição de candidato(a) a ser um Franqueado da Franquia que apresentou interesse. Nossa empresa reserva-se o direito de aprovar ou não sua proposta.

Não é dada nenhuma preferência à ordem de recebimento de propostas, isto é, mesmo que sua proposta tenha chegado antes, nós poderemos optar por outro(a) candidato(a), se considerarmos que este se apresente mais adequado ao negócio naquele dado momento. Somente aceitaremos propostas de pessoas que estejam de acordo com estas condições.

Se tiver sócio(s), preencha uma proposta para cada sócio.

FAVOR ANEXAR VIAS ATUALIZADAS DE:

- cópias simples do RG e CPF

- cópias simples de comprovante de residência

- declaração do investimento (extrato bancário, extrato de investimento)

- comprovante de rendimentos

- última declaração do imposto de renda

- curriculum vitae (opcional)

Agradecemos seu interesse em fazer parte de nossa rede de negócios e seu empenho em nos fornecer as informações solicitadas.

Atenciosamente,

(Nome da franquia)

FICHA DE PRÉ-QUALIFICAÇÃO DE CANDIDATO A FRANQUIA

1) FRANQUIA DE INTERESSE ....

CIDADE ONDE PRETENDE ATUAR: .... **UF:** ....

2)   DADOS PESSOAIS

- *Nome: .... RG: .... CPF: ....*
- *Data nascimento: ..../......./.......*
- *Estado Civil: .... Se casado, há quanto tempo? ....*
- *Natural de: .... UF: .... Nacionalidade: ....*
- *Endereço residencial: ....*
- *Bairro: .... Cidade: .... UF: .... CEP: ....*
- *Fone residencial: ( ) .... Celular: ( ) .... Comercial: ( ) ....*
- *Fax: ( ) .... E-mail: ....*

Formação acadêmica completa *:*

- ❑ *1º grau/fundamental*   ❑ *superior – curso:*
- ❑ *2º grau/médio*   ❑ *pós-graduação – curso: ....*

Ocupação:

- ❑ *empregado*
- ❑ *empresário – desde: ..../......./....... segmento: ....*
- ❑ *aposentado – desde: ..../......./....... última ocupação: ....*
- ❑ *autônomo ou profissional terceirizado*
- ❑ *profissional liberal – especialidade: ....*
- ❑ *dona de casa – desde: ..../......./....... última ocupação remunerada: ....*
- ❑ *desempregado – desde: ..../......./.......*
- ❑ *estudante – curso: ....*
- ❑ *outra atividade: ....*

Se "empregado", "autônomo" ou "profissional terceirizado", preencher os dados abaixo:

- *Nome da empresa onde trabalha: ....*
- *Segmento: .... Função: ....*
- *Endereço Comercial: .... Cidade: ....UF: ....*
- *Telefone: ( ) .... Fax: ( ) ....Tempo na empresa: .... anos*

Tem filhos?

- *não ❑ sim – idades: ....*

Grau de conhecimento de Informática como usuário:

- *❑ nenhum conhecimento ❑ básico ❑ intermediário ❑ avançado*
- *Quais programas? ....*

3)   DADOS DO CÔNJUGE – SE HOUVER

- *Nome: .... RG: ....CPF: ....*
- *Natural de: .... UF: .... Nacionalidade: ....*
- *Data nascimento: ..../......./....... Fone celular: ( ) ....*
- *E-mail: .... Formação acadêmica completa:*
- *❏ 1º grau/fundamental   ❏ superior – curso: ....*
- *❏ 2º grau/médio   ❏ pós-graduação – curso: ....*

Ocupação:

- ❏ empregado
- ❏ empresário – desde: ..../......./....... segmento: ....
- ❏ aposentado – desde: ..../......./....... última ocupação: ....
- ❏ autônomo ou profissional terceirizado
- ❏ profissional liberal – especialidade: ....
- ❏ dona de casa – desde: ..../......./....... última ocupação remunerada: ....
- ❏ desempregado – desde: ..../......./.......
- ❏ estudante – curso: ....
- ❏ outra atividade: ....

Se "empregado", "autônomo" ou "profissional terceirizado", preencher os dados abaixo:

- *Nome da empresa onde trabalha: ....*
- *Segmento: .... Função: ....*
- *Endereço Comercial: ....Cidade: .... UF: ....*
- *Telefone: ( ) .... Fax: ( ) .... Tempo na empresa: .... anos*

4) VOCÊ OU SEU CÔNJUGE JÁ POSSUEM UMA EMPRESA?

- ❑ *não* ❑ *sim*
- *Se sim, pretendem utilizar a mesma empresa?* ❑ *não* ❑ *sim*
- *Razão Social: .... CNPJ: .... Insc. Estadual: .... Segmento: ....*
- *Endereço comercial: .... Bairro: .... Cidade: .... UF: .... CEP: ....*
- *Data de Fundação: ..../......./....... Telefone: ( ) .... Fax: ( ) ....*
- *Capital Social: R$ .... Faturamento mensal médio: R$ ....*
- *Envolvimento do candidato titular nesta empresa:*
    - ❑ *administrador/operador em tempo integral*
    - ❑ *administrador/ operador em tempo parcial*
    - ❑ *sócio-investidor*
    - ❑ *outro: ....*

5) BENS DA EMPRESA

- *Descrição e valor:*

6) DADOS DOS SÓCIOS DA EMPRESA

- *Nome:*
- *CPF:*
- *RG:*
- *Data de nascimento:*
- *Quota (%):*

7) PRINCIPAIS FORNECEDORES DA EMPRESA

- *Nome:*
- *Telefone:*
- *Local:*

8) INFORMAÇÕES FINANCEIRAS E PATRIMONIAIS DO TITULAR DO CADASTRO

Renda mensal do grupo familiar:

- Candidato: R$.......... Cônjuge: R$.......... Filhos: R$..........
- Outras fontes de renda R$:.......... Periodicidade: .... Especificar:..........
- Aplicações financeiras ❑ não ❑ sim - valor aproximado: R$..........
- Dívidas: ❑ não ❑ sim - valor: R$..........
- Data prevista para quitação:......./......./....... Natureza da dívida:..........

Bens Imóveis:

- Possui residência própria? ❑ não ❑ sim - valor de mercado: R$..........
- Financiada: ❑ não ❑ sim - valor da prestação: R$..........
- Alugada: ❑ não ❑ sim - valor do aluguel: R$..........
- Outros bens imóveis? ❑ não ❑ sim
- Espécie:.......... Valor: R$.......... Possui ônus? ❑ não ❑ sim
- Espécie:.......... Valor: R$.......... Possui ônus? ❑ não ❑ sim

Outros bens:

- Possui carro/moto/outros veículos? ❑ não ❑ sim – quantos?/marca/ano:..........
- Bens diversos/valores:..........

Disponibilidade de Capital:

- *Informe o valor do capital disponível para investir na franquia: R$..........*
- *Qual é a origem do capital a ser investido?*
  - ❑ *conta corrente/espécie - R$..........*
  - ❑ *aplicações financeiras - R$..........❑ imóveis - R$..........*
  - ❑ *veículos - R$.......... outros - R$.......... ❑ Quais?..........*
- *Pretende contrair empréstimos bancários?..........*

Considerando sua disponibilidade de capital, suas fontes de renda, seu padrão atual de vida e suas despesas mensais, por quanto tempo você acredita que você e sua família suportariam o investimento no negócio, sem obter dele renda, ou até que o negócio se torne rentável? ....

Com base nas previsões de investimento necessário por formato de ponto-de-venda e considerando sua capacidade de investimento, você acredita que investirá em mais de uma franquia? Quantas? De que tipo? Em quanto tempo?..........

Você, seu cônjuge ou sua empresa possui alguma ação judicial/penhora/demanda que coloque em risco o seu patrimônio total ou parcialmente? Descreva-a. ....

Você já moveu ações contra terceiros, pessoas físicas ou jurídicas? ❑ não ❑ sim – comente ....

9) REFERÊNCIAS

Bancárias (todas):

- *Nome do banco:*
- *Nº da agência:*
- *Nº da c/c:*
- *Limite cheque especial (R$):*

- *Fone do banco:*

Cartões de crédito (todos):

- ❑ *não possuo cartão de crédito*
- ❑ *Administradora*
- ❑ *Limite de crédito*

Comerciais:

- *Empresa: .... Contato: .... Fone: ( ) ....*
- *Empresa: .... Contato: .... Fone: ( ) ....*

Já foi condenado ou está cumprindo penalidade por ação civil ou penal?

- ❑ *não*
- ❑ *sim - comente: ....*

10) INFORMAÇÕES ADICIONAIS

Que contato já teve com os produtos da franquia de interesse? Assinale mais de uma alternativa, se necessário

- ❑ *sou ou fui consumidor(a) dos produtos*
- ❑ *vi anúncio*
- ❑ *alguém na minha família utiliza*
- ❑ *conheço distribuidores ou lojistas da marca – quem?*
- ❑ *outros ....*

Você já possuiu algum empreendimento do qual se desligou ou que tenha encerrado suas atividades?

❑ *não* ❑ *sim - comente segmento/motivos/datas:* ....

Você já se candidatou ou é candidato a franqueado, representante ou distribuidor de alguma outra empresa?

❑ *não*   ❑ *sim - comente segmento/marca/resultados/datas:*..........

AUTO-AVALIAÇÃO

*Dos itens abaixo descritos, assinale com um **"+"** os seus **3** pontos mais fortes e com um **"-"** os **3** aspectos nos quais você considera que pode desenvolver-se mais:*

- *Capacidade empreendedora:*
- *Habilidade de relacionamento:*
- *Apego às normas e padrões:*
- *Organização:*
- *Liderança:*
- *Controle:*
- *Criatividade:*
- *Dinamismo:*
- *Habilidade comercial:*
- *Habilidade de trabalhar sob pressão:*
- *Independência:*
- *Planejamento:*

Por que decidiu montar seu próprio negócio?

- *Porque posso ganhar mais como empresário.*
- *Porque é mais seguro, estável e mais rentável do que um emprego.*
- *Porque é uma alternativa de investimento.*
- *Outros* ....

Comente sobre seus planos para este negócio: ....

- *Quando pretende iniciar suas atividades?* ....

A franquia será sua principal fonte de renda?

- ❑ *sim* ❑ *não*

Você tem alguma noção básica de faturamento médio, rentabilidade e retorno do investimento para este tipo de negócio?

- ❑ *não* ❑ *sim*
- *Especifique:*
- *Faturamento médio mensal (R$):* ....
- *Margem de Lucro (% sobre o valor faturado):* ....
- *Prazo de Retorno do Investimento (em meses):* ....

Indique a provável estrutura que você pretende adotar na administração de seu negócio:

-Administração do negócio como um todo (finanças, contatos, compras, relacionamento com locador etc.)

- ☐ *você*
- ☐ *sócio*
- ☐ *familiar – quem?* ....
- ☐ *profissional contratado*

-Gerência da loja/responsável presente no dia-a-dia (atendimento, vendas, treinamento de pessoal etc.)

- ☐ você
- ☐ sócio

- ☐familiar – quem? ....
- ☐ profissional contratado

Assumo total responsabilidade pela veracidade das informações prestadas.

Local .... Data: ..../......./.......

Assinatura do candidato ....

(Endereço para devolução da Ficha de Pré-Qualificação)

(Nome da Franquia, Endereço e Telefone)

··

UFA!

Tenho certeza que agora você já está preparado para o que vai encontrar pela frente!

Após enviar a ficha cadastral, o franqueador irá avaliar o seu perfil a fim de decidir se você se encaixa no que ele está procurando.

Caso você não seja aprovado, ele irá te dizer o porquê e sugerir mudanças. Caso as mudanças não sejam possíveis, a negociação será encerrada por aqui.

Já se você for aprovado, seguirá para o próximo estágio, ou seja, para o recebimento da COF ou agendamento da entrevista pessoal.

O mais comum é a entrevista pessoal; afinal, dificilmente eles entregarão a COF logo de cara. Eles geralmente guardam a 7 chaves a sua Circular de Oferta de Franquia.

Lembre-se: nem todas as franquias seguem o mesmo processo de seleção.

ENTREVISTA PESSOAL

Na entrevista com o franqueador, ele irá explicar mais detalhadamente sobre o seu negócio.

E é aqui onde as coisas realmente ficam sérias. É nesse momento que você deve fazer TODAS as perguntas e sanar TODAS as dúvidas. Portanto, eu separei uma série de perguntas para ajudá-lo nessa etapa.

Listei muitas perguntas que você poderia fazer, mas você pode e deve fazer quantas perguntas achar necessário.

Quanto as Características da Rede

- **Quais os principais desafios do negócio?**
- **Quais as unidades próprias em funcionamento e há quanto tempo operam?**
- Como é a estrutura da franqueadora?
- **Qual é a estrutura para crescimento/expansão?**
- **Qual a exigência de dedicação do franqueado? Por quê?**
- Qual o nível de autonomia do franqueado para inovações?
- **Há quanto tempo a empresa existe e desde quando vende franquias? E qual o histórico da empresa no mercado e no sistema de franquias?**
- Qual é o perfil considerado ideal para os franqueados da rede?
- Qual o tamanho da rede atual e os planos futuros de crescimento?
- A empresa tem projeção financeira para os próximos cinco anos?
- Possui Circular de Oferta de Franquia? — Item obrigatório por lei.

- Tem registro no Instituto Nacional de Marcas e Patentes – INPI? – Item obrigatório por lei.
- Possui conselho de franqueados?
- **Como é a concorrência no ramo e como a marca se posiciona em relação a isso?**
- Qual é o perfil dos consumidores e como esses dados são atualizados?
- Como veem o mercado?
- Como é a atuação do conselho de franqueados?
- Qual é a situação atual da marca no mercado?
- Que tipo de matéria-prima utiliza e quem é o fornecedor?
- Como funciona o marketing da marca?
- **A empresa realiza sistematicamente um planejamento estratégico de no mínimo 3 anos?**

Quanto a operação:

- Qual o tipo de assistência e suporte em relação a aprovação de ponto, tempo de treinamento e manuais operacionais?
- Em quanto tempo se instala a loja?
- Qual o suporte dado pelo franqueador para inauguração?
- Qual a frequência de visitas à unidade franqueada pelos consultores do franqueador? E qual a frequência de reciclagens?
- **Há comércio eletrônico (e-commerce)?**
- Qual o tamanho da equipe? Quantos turnos serão necessários?
- **Há manuais operacionais que eu possa consultar se tiver dúvidas?**
- **Os produtos respeitam as diferenças regionais ou são iguais em toda a rede?**
- **O preço final sempre é definido pelo franqueador?**
- **Que tipo de suporte a marca oferece aos franqueados e com que frequência?**

- **Qual é a projeção de vendas para os próximos 12 meses?**
- **Quanto tempo dura o treinamento e como ele é feito?**
- **De quem vou adquirir equipamentos, insumos e produtos necessários ao negócio?**
- Quantas horas diárias devo dedicar à operação do negócio?
- Quais os serviços e produtos comercializados?
- Oferece manuais e softwares de apoio?
- Como é a comunicação do franqueado com a rede?
- Como são conduzidas as promoções, a publicidade e o marketing da rede?
- Como é o processo de treinamento inicial e de manutenção do negócio?
- Quais os principais desafios que o negócio apresenta para um franqueado durante a operação?
- Qual é o tempo de treinamento do franqueado e como são realizados?
- Quais são as características do ponto comercial ideal?
- A mão-de-obra é fácil de ser encontrada?
- Há uma consultoria de campo?

Quanto ao Contrato:

- Como é aplicado o fundo de marketing?
- **Terei exclusividade no território em que atuo? Como esse território é definido?**
- Quais são as regras do ponto comercial? Existe apoio para encontrá-lo? Quem aprova?
- **Quais são as regras para abrir mais de uma franquia?**
- **Quais são os direitos e as obrigações do franqueado e do franqueador?**
- Quais são os termos para rescisão, renovação e alteração?
- **Prevê sucessão, venda ou transferência?**

- Qual é a duração do contrato e as regras para renovação?
- Como eventuais disputas serão tratadas?

Quanto ao fornecedor:

- **Há quanto tempo fornece para a franquia?**
- **O fornecedor já deu calote?**
- **O que posso fazer caso ele dê? O franqueador se responsabilizará?**
- **Existe fornecedor exclusivo?**

A avaliação da franquia

- **Já houve casos de franquias fechadas? Qual foi o motivo?**
- **Há franqueados que possuem mais de uma unidade?**

O investimento

- **Qual o custo total para abrir uma franquia? E com o ponto?**
- **Qual o valor discriminado de todos os custos?**
- Há custo para treinamento?
- Qual é o custo de manutenção da franquia?
- Quais são os valores de receita líquida mensal, despesas operacionais, impostos diretos e lucro líquido antes dos impostos?
- **Qual é a reserva de caixa necessária?**
- **Qual é o faturamento médio mensal estimado?**
- **Qual o prazo de retorno do investimento? O que ocorre se eu não alcançar no tempo estipulado?**
- As informações financeiras de investimento e retorno são atualizadas?
- Quais são as taxas que o franqueado tem que pagar?

- Qual a previsão de pró-labore?
- Informações necessárias para fazer projeções de resultados da franquia

Tem algum ponto importante que não foi perguntado e o franqueador gostaria de reforçar?

Obs.: Não é incomum haver mais de uma entrevista com diferentes profissionais da franquia.

ENTREGANDO A CIRCULAR DE OFERTA DE FRANQUIA - COF

Após a entrevista pessoal, o franqueador irá avaliá-lo novamente. Caso você seja aprovado, será entregue a Circular de Oferta de Franquia (COF).

É necessária toda essa burocracia porque ali está praticamente o segredo da franquia, e ninguém sai entregando seus segredos para qualquer um. Não se assuste, as COFs são bem grandes. Para você ter uma ideia, observe o sumário de uma delas:

- *Circular de Oferta de Franquia*
1. Declaração de recebimento da circular de oferta da franquia completa cursos (1ª via)
2. Declaração de recebimento da circular de oferta da franquia completa cursos (2ª via)
3. Introdução circular de oferta de franquia
4. O que é o sistema de franquia formatada "completa cursos"?
5. O que é a "completa cursos"?
6. Test drive de sucesso
7. Quais as considerações e objetivos da marca?

8. Onde está localizada a empresa? Forma societária e sócios da completa cursos?

9. Relação das unidades completa cursos

    a. Unidades – núcleos de treinamento

10. Das pendências judiciais

11. Balanços e demonstrações financeiras

12. Balanços e demonstrações financeiras 2008/2009

13. Da descrição da franquia

    a. a célula de trabalho deverá possuir

    b. os núcleos franqueados deverão possuir

14. O conceito

15. O que a franqueadora oferece ?

16. Da manutenção da unidade

17. Do perfil do franqueado "ideal"

18. Das obrigações do franqueado

19. Do seguro

20. Da preferência do território de atuação

21. Regiões para instalação na cidade de sp

22. Da taxa de franquia

23. Dos "royalties" por núcleos

24. Da taxa de propaganda

25. Da inadimplência

26. Dos outros valores a serem pagos

27. Do valor total do investimento inicial

28. Estimativa de investimento

29. Capital de giro

30. Do preço praticado pela franquia

31. Do fornecimento de materiais em obrigatoriedade

32. Da entrega dos produtos

33. Local de estocagem das apostilas

34. Fornecedores cotados a título de referência

35. Da qualidade dos produtos

- Total de páginas: 73

Após o recebimento da COF, o candidato irá assinar um termo de recebimento e terá 10 dias para analisá-la.

Nessa etapa é muito importante ter um especialista em franquias ou um advogado especializado do seu lado. Nesse tempo o franqueador geralmente se disponibiliza para reuniões que possuem o objetivo de sanar eventuais dúvidas.

Junto à COF será entregue um pré-contrato. Esse documento poderá ser assinado pelo futuro franqueado, a depender da intenção de fechar a parceria.

As COFs são protegidas por lei e, por isso, não posso disponibilizá-las aqui. Entretanto, existem dados que todas as COFs são obrigadas a ter. Uma delas é a disponibilização da lista de todos os franqueados com a sua forma de contato. Normalmente, as redes disponibilizam os franqueados dos últimos dois anos, mas algumas disponibilizam de até cinco.

Essa parte é MUITO importante. Nesse momento você deverá conversar com pelo menos 5 ou 6 franqueados. Eles serão fontes confiáveis de informação. Por eles você poderá saber se os dados passados pelo franqueador são reais, se o suporte oferecido é bom, se ele está feliz com a marca, etc. Tente se encontrar pessoalmente com eles, nem que você tenha que viajar. Com certeza fará toda a diferença.

Separei algumas perguntas que DEVEM ser feitas aos antigos franqueados, sem prejuízo de outras que você eventualmente tenha.

- Há quanto tempo tem a franquia?
- Quanto investiu?
- Quanto é o faturamento?
- Qual foi o prazo de retorno do investimento?
- Está satisfeito com o negócio?
- Quais são os pontos positivos e negativos?
- Qual é a sua rotina?

- Compraria a franquia neste momento? Pensa em comprar outra unidade?
- Como é a assessoria prestada pelo franqueador?
- A rede costuma consultar os franqueados nas mudanças estratégicas?
- Se você voltasse no tempo, compraria novamente a mesma franquia?

Por fim, leia MUITO atentamente a COF: é nela que será dito exatamente tudo em relação a taxas, investimentos, treinamentos, assistência, ou seja, toda a sua relação com o franqueador e como você irá trabalhar nos próximos anos.

FECHANDO O CONTRATO

Pré-contrato

Após realizar as entrevistas com os franqueados, caso queria dar continuidade com a franquia, você irá assinar um pré-contrato (aquele entregue junto com a COF) e ambos, você e o franqueador, irão começar a busca por um ponto comercial.

Esse pré-contrato costuma exigir uma "caução" de 20% do investimento total. Isso se deve ao fato de que agora o franqueador terá um custo e ele precisa se resguardar. Ou seja, após assinar o pré-contrato, o candidato a franqueado não terá direito a reembolso caso venha a desistir do negócio.

Procurando um ponto comercial

Após encontrar o ponto comercial ideal, será o franqueador quem irá locá-lo. Isso ocorre para que o franqueador se resguarde quanto a eventual rescisão contratual. Caso o franqueado rescindisse o contrato e abrisse uma empresa independente, seria muito ruim para o franqueador.

Assim, o fato de o franqueador locar o imóvel e sublocá-lo ao franqueado diminui as chances de isso acontecer. Geralmente o valor da sublocação será o mesmo da locação.

Assinando o contrato de franquia

Feito isso, você assinará o contrato de franquia e o franqueador irá começar a instalação do seu ponto. O contrato em geral possui a duração de 5 anos, registrado em cartório e deve ser assinado na presença de testemunhas.

TREINAMENTO E INICIALIZAÇÃO DAS OPERAÇÕES

Com o contrato fechado e o ponto comercial escolhido, o franqueador irá começar a dar o treinamento para o franqueado, ou seja, passará o know-how.

Provavelmente o treinamento do franqueado será na matriz do franqueador, onde ele possui suas unidades-piloto e onde o novo franqueado poderá acompanhar, ver e aprender sobre o dia-a-dia da franquia.

Esse treinamento geralmente tem a duração de 15 a 30 dias. Alguns franqueadores ainda disponibilizam um treinamento específico para o gerente. Nesse caso, ele terá uma preparação diferenciada em relação aos outros funcionários.

O treinamento irá englobar a utilização do software aplicado à franquia, a forma de gestão, as finanças, a administração, a liderança, e todos os pontos necessários para manter a franquia em funcionamento. Além disso serão entregues os manuais.

Por melhor memória que o franqueado tenha, provavelmente ele se esquecerá de algo que foi aprendido no treinamento; portanto, o manual está lá para relembrá-lo.

Feito isso, começará a seleção de funcionários com a ajuda do franqueador. Aqui o franqueador não irá obrigar você a contratar "esse" ou "aquele" funcionário, mas dará diretrizes para a escolha.

Por exemplo, o perfil de alguém da limpeza será diferente do perfil de um vendedor. Aceite as sugestões do franqueador.

Feitas as contratações, franqueador e franqueado darão o treinamento especifico para cada funcionário. Pode ser que o franqueador deseje esperar o estabelecimento estar pronto para dar o treinamento aos funcionários.

Após isso, basta esperar o estabelecimento estar pronto e começar as operações!

Bons negócios!

CAPÍTULO 8 – RESUMO

CAPÍTULO 1- ALCANÇANDO A RIQUEZA

O que é ser rico para você? O conceito de riqueza varia de pessoa para pessoa. Portanto, tenha bem claro o que é ser rico e trace seus planos na direção dessa riqueza. Cuidado para não viver o sonho de outras pessoas.

Para descobrir e definir suas metas e sonhos, abra o leque. Você encontrará possibilidades que nunca imaginaria. Para tanto, invista em experiência, conhecimento e o mais importante: acredite que sua forma de riqueza pode se tornar realidade!

CAPÍTULO 2- PORQUE SER EMPRESÁRIO.

Pode parecer clichê, mas é verdade. A vida é muito curta. A vida é muito curta para somente consumir produtos ou serviços que outras pessoas produziram. A vida é curta para não fazermos e deixarmos algo de bom nesse mundo. Faça ou produza algo de que você se orgulhe!

Automatize sua empresa, não se torne um "empresidiário" e não vire refém de algo que você criou. Saiba de todo o processo, controle tudo, mas através de uma boa liderança. Delegue funções e vá realizar seus outros sonhos.

Lembre-se: empresa não é cassino. Portanto, calcule, minimize os riscos e verifique as oportunidades e as variáveis antes de abri-la.

CAPÍTULO 3 - EMPRESA INDEPENDENTE, FRANQUIA OU INVESTIMENTO FINANCEIRO. QUAL DEVO ESCOLHER?

Perfil de franqueado: Prefere não correr riscos; é cuidadoso, cauteloso e prudente; gosta de fazer parte de uma rede de algo maior do que ele próprio; gosta que outras pessoas quebrem a cabeça a respeito da continuidade, inovação e evolução do modelo de negócios; prefere receber as coisas prontas, não precisam gastar muito tempo pensando em algo novo e em como implementar; adora gerenciar, liderar e operar o próprio negócio.

Perfil de empreendedor ou empresário de empresa independente: Gosta e não tem receio de correr muitos riscos; é corajoso e destemido, não parando nas primeiras dificuldades; adora solucionar problemas, mesmo aqueles que não irão trazer tanto retorno financeiro; gosta de fazer o trabalho da sua maneira; tem preferência por sempre estar procurando novas oportunidades e se mantendo atualizado a todo instante sobre novas tecnologias e gostos do mercado; costuma ficar entediado com facilidade quando não tem novos desafios a serem superados, sempre está em busca de alcançar novas metas e superar novos desafios.

Perfil do investidor: não gosta de colocar a mão na massa; prefere que outras pessoas ajam e que ele faça outras coisas; pode estar junto de um empreendedor, franqueado ou no mercado financeiro; não possui grande fidelidade com o objeto do investimento; geralmente não possui conhecimento acerca de administração e gestão; prefere fazer análises contábeis, econômicas, e financeiras; gosta de possuir a possibilidade de mudar de área de investimento a qualquer momento.

CAPÍTULO 4- FRANQUIAS.

O sistema de franquias como conhecemos hoje teve início nos Estados unidos em 1850 e chegou ao Brasil na década de 1960.

Nesse sistema, os termos mais comuns são: franchising, franqueador/ franqueadora, franqueado, taxa de franquia, know-how, taxa de publicidade ou taxa de marketing, taxa de royalties, circular de oferta de franquia (COF), capital inicial, conselho de franqueados, convenção de franqueados, estudo econômico de viabilidade financeira, manual de operações, pré-contrato de franquia, treinamento, supervisão de campo e unidade-piloto.

Ainda, a lei que regulamenta a franchising no Brasil é a Lei 13.966/2019. Importante todo candidato a franqueado ler essa lei e compará-la com o que o franqueador diz ou oferece.

As vantagens das franquias são enormes. Gosto de dizer que abrir uma franquia é terceirizar a parte chata. Terceirizando essa parte você consegue focar nos assuntos que realmente importam, como: estratégias de melhoramento de vendas, liderança, treinamento de equipe, conquista de clientes, etc. Ou seja, assuntos que se convertem em vendas!

CAPÍTULO 5- COMO ESCOLHER FRANQUIAS.

Autoconhecimento + Ramo de identificação + Mercado + Investimento

Antes de qualquer coisa é necessário se autoconhecer. Com esse conhecimento você terá a habilidade para escolher o ramo da sua franquia. Lembre-se: "pior que trabalhar em um emprego de que você não gosta é ter um negócio com o qual você não se identifica".

Feito isso, será necessário estudar o mercado e verificar onde está a oportunidade; mas cuidado: às vezes ela poderá ser criada ou estar velada. Para aproveitar ao máximo as oportunidades, será necessário que você conheça os aspectos objetivos e subjetivos da sua cidade.

O investimento fica por último, pois um financiamento é sempre uma opção, sendo que algumas redes até já possuem convênios próprios com os bancos.

Nesse momento você escolherá aquelas que estão dentro da sua capacidade financeira.

CAPÍTULO 6 – INFORMAÇÕES BÁSICAS QUE VOCÊ DEVE SABER ANTES DE FECHAR QUALQUER CONTRATO

Antes de fechar qualquer contrato ou até antes de ir conversar com o franqueador, é necessário saber os seguintes dados:

Capital necessário, custo médio de montagem, capital de giro, estoque inicial, taxa de publicidade, taxa de franquia, royalties, número de unidades, número de funcionários, diferencial, área em metros quadrados, previsão de retorno, faturamento médio mensal e a margem de lucro líquido do franqueado, duração do contrato e as regras para renovação, suporte oferecido pela rede, tempo de treinamento do franqueado, características do ponto comercial ideal, há quanto tempo o franqueador está no mercado, e há quanto tempo ele vende franquias.

Esses dados darão uma boa noção para você escolher sua franquia.

CAPÍTULO 7- PASSO A PASSO PARA ABRIR A SUA FRANQUIA.

Auto análise.

- Você tem perfil para ser empresário?
- Você tem perfil para ser um franqueado?
- Qual ramo das franquias você se identifica?

Escolhendo a franquia:

- Identificação + Mercado + Capacidade Financeira
- Identificação: Escolha um ramo da franquia e uma franquia com que você se identifique e de que goste. Lembre-se de que você irá trabalhar com isso todos os dias.
- Mercado: Verifique se há mercado na sua cidade ou região.
- Capacidade Financeira: Escolha uma franquia que esteja dentro das suas capacidades financeiras. Não esqueça de levar em consideração suas contas pessoais.

Entrando em contato com o franqueador.

- Procure por um franqueador seguindo os passos já ensinados.

- Entre em contato com o franqueador pelo seu próprio site e preencha um cadastro básico.

- O franqueador irá entrar em contato com você e passará a apresentação e dados básicos da franquia, caso você continue com interesse deverá preencher um cadastro mais completo.

- Depois de enviar o cadastro, o franqueador irá avaliar o seu perfil e marcar uma entrevista pessoal ou encerrar a negociação.

- Após a entrevista será entregue a COF e você terá 10 dias para decidir se dará continuidade ou não.

- Caso queira, deverá assinar um pré-contrato com caução de 20% do valor total do investimento ou da taxa de franquia, cabendo ao o franqueador começar a procura por um ponto comercial.

- Após a escolha do ponto, você deverá sublocá-lo do franqueador e assinar o contrato de franquia.

- O franqueador irá começar a instalação no ponto ou dará o suporte necessário para você.

- Em seguida, dará início ao recrutamento e treinamento dos funcionários e do fraqueado.

- Aguarde tudo ficar pronto e comece as operações.

CONCLUSÃO

Obrigado por baixar e ler esse livro!

Eu espero que você tenha encontrado as respostas necessárias para dar o pontapé inicial no seu negócio de franchising!

Abrir uma franquia pode mudar a sua vida e a vida da sua família. Seja focado e persistente!

Não pare por aqui com os seus estudos.

Entre em contato, hoje mesmo, com pelo menos três franqueadores que te interessam. Amanhã? Entre em contato com mais três!

Não tenha vergonha. Os franqueadores estão loucos para fazer novos negócios.

Seja consciente e pé no chão. Esse pode o começo de uma revolução na sua vida.

Mão na massa!

ÚLTIMA PALAVRA

Caro leitor!

Se você aprendeu muito com esse livro, eu quero pedir um favor!

Se você gostou do livro, sinta-se livre para compartilhar suas ideias e postar uma avaliação do livro na Amazon.

Essa contribuição ajudará a melhorar o livro e seu conteúdo, bem como me auxiliará a tirar as principais dúvidas dos leitores.

Obrigado e boa sorte.

Atenciosamente.

G. T. Maldonado.

www.ingramcontent.com/pod-product-compliance
Lightning Source LLC
Chambersburg PA
CBHW030322160726
47992CB00005B/2128